Robert Schwandl

U-BAHNEN IN SKANDINAVIEN
Metros in Scandinavia

Stockholm Oslo Helsinki København

Berlin
2004

U-BAHNEN IN SKANDINAVIEN

Metros in Scandinavia: Stockholm, Oslo, Helsinki & København

Dieses Buch wäre nicht möglich gewesen ohne die vielen Helfer in Skandinavien:
This book would not have been possible without the many supporters in Scandinavia:

In Oslo: Håkon Kinck Gaarder, Alex Riabov, Leif-Harald Ruud, Roger Sandberg

In Helsinki: Jani Patokallio, Jorma Rauhala, Timo Myyryläinen, Mikko Alameri

In Stockholm: Mats Johnsson, Mats Palenius, Anders Anttonen, Tim Kynerd, Magnus Stomfelt, Jouko Ketola

In København: Rasmus Støvelbaek Olson, Martin Olufsen, Thomas Thorsen

In Berlin: Olaf Wenke, Alexander Seefeldt, Norbert Reulke, Mark Davies

Vielen Dank!
My sincere thanks!

Robert Schwandl Verlag
Hektorstraße 3
D-10711 Berlin

Tel.: (+49 30) 3759 1284
Fax: (+49 30) 3759 1285

www.robert-schwandl.de
info@robert-schwandl.de

Distribution in Sweden, Norway, Denmark and Finland:
Stenvalls, Box 17111, S-20010 Malmö. Tel + 46 40 - 127703, Fax 127700, www.stenvalls.com

1. Auflage 2004

Druck: Ruksaldruck, Berlin

ISBN 3-936573-04-2

Vorwort

In diesem Buch möchte ich Sie in den Norden Europas entführen und Ihnen die ‚Tunnelbahnen' der vier skandinavischen Hauptstädte vorstellen, die alle auf ihre Art einzigartig sind. Allen voran natürlich die Stockholmer U-Bahn, die nicht umsonst den Beinamen ‚längste Kunstgalerie der Welt' trägt. In Oslo bietet Ihnen die Holmenkollbahn herrliche Ausblicke über den Fjord, und auch in Helsinki fahren Sie mit der Metro durch idyllische Wohngebiete an der Ostsee. Und nicht zuletzt die brandneue, vollautomatische Mini-Metro von Kopenhagen, die zusammen mit der klassischen S-Bahn ein hervorragendes Verkehrsnetz bildet.
Steigen Sie ein und lernen Sie ein Stück skandinavische Verkehrsgeschichte kennen. Das Buch ist natürlich eine Momentaufnahme, denn vieles wird sich in den nächsten Jahren verändern, Stationen werden renoviert und umgebaut, Linien werden verlängert oder neue werden gebaut.

Ich wünsche Ihnen eine gute Fahrt!

Berlin, im Mai 2004
Robert Schwandl

Foreword

With this book I would like to take you on a ride to Northern Europe to show you the 'tunnel railways' of the four Scandinavian capitals, all of which are unique in their own right. First of all, of course, the Stockholm metro, which, for good reason, is nicknamed 'the longest art gallery in the world'. In Oslo you can enjoy splendid views over the Fjord from the train to Holmenkollen, and in Helsinki too the Metro will take you through idyllic areas by the Baltic Sea. Last but not least, we have the brandnew fully automatic Mini-Metro of Copenhagen, which complements the classic S-tog.
Join us on our ride and find out more about Scandinavian transit history. This book is, of course, just a moment in time, as many things will change in the coming years, stations will be refurbished or rebuilt and lines will be extended or new ones built.

I wish you a pleasant journey!

Berlin, May 2004
Robert Schwandl

Inhalt *Contents*

OSLO

Die norwegische Hauptstadt Oslo liegt am Ende des Oslofjords und ist von 300–600 m hohen Bergen umgeben. Innerhalb des Stadtgebiets leben auf einer Fläche von 454 km^2 etwa 517.000 Menschen. Im Osten und im Westen grenzt die Stadt an den Landkreis (fylke) Akershus, in dem etwa 485.000 Menschen leben. Dazu gehören die Gemeinden (kommune) Bærum im Westen (102.000 Einw., mit Sandvika als Zentrum) und Skedsmo im Osten (40.000 Einw., mit Lillestrøm als Zentrum). In einem Radius von 60 km vom Zentrum Oslos leben etwa 1,1 Mio Menschen.

Das Zentrum Oslos lag ursprünglich etwas weiter östlich am Fuße des Ekebergs, diese Gegend südöstlich des Hauptbahnhofs ist heute bekannt als Gamlebyen (Altstadt). Nach einem Brand im Jahre 1624 beschloss der dänische König Christian IV eine neue Stadt unweit der Burg Akershus zu bauen, diese Stadt benannte er nach sich selbst, nämlich Christiania. Nach dem Bruch mit Dänemark wurde die Stadt 1814 Norwegens Hauptstadt. 1925 wurde Kristiania, wie es damals geschrieben wurde, wieder in Oslo umbenannt.

Allgemeine Einführung

Oslo gehört einwohnermäßig zu den kleineren Hauptstädten Europas, dennoch findet man hier ein sehr ausgedehntes städtisches Schienenverkehrsnetz, das man in verschiedene Arten von Bahnen einteilen kann:

1) Trikken – Straßenbahn (27 km)
2) 2 Vorortstraßenbahnen (Ekebergbahn 6,5 km und Lilleakerbahn 4,5 km)
3) 2 T-bane-Strecken, die man als Stadtbahn bezeichnen kann (Holmenkollbahn 11 km und Kolsåsbahn 6 km)
4) 6 T-bane-Strecken mit Metrostandard (59 km)
5) Lokaltog – Nahverkehrszüge (ca. 40 km innerhalb der Stadt Oslo)

Die Typen 1) und 2) werden gemeinsam betrieben, und die Typen 3) und 4) bilden auch ein einheitliches Netz. Die Typen 2) und 3) überlappen sich in Jar, auch wenn heute nur ein kurzes Stück von Tram und T-bane gemeinsam befahren wird. Typ 5) verkehrt im Mischbetrieb auf den Gleisen der Fernbahn, welche auch vom Flughafenexpess benutzt werden.

Seit 2003, nachdem die Strecke der Kolsåsbahn zwischen Bekkestua und Kolsås (6,5 km, 7 Stationen) stillgelegt worden war, und nach der Eröffnung der ersten Teilstrecke der Ringbahn von Ullevål stadion bis Storo, hat das T-bane-Netz eine Gesamtlänge von 76 km (96 Stationen). Die 4,5 km lange, unterirdische Strecke zwischen Majorstuen und Tøyen wird von allen Linien befahren (außer der Linie 1, die außerhalb der Hauptverkehrszeiten in Majorstuen endet). Ungefähr 18 km liegen im Tunnel mit 16 unterirdischen Bahnhöfen, von denen zwei (Stovner und Trosterud) direkt am Tunneleingang liegen. Ein weiterer 1,5 km langer, vorwiegend oberirdischer Abschnitt von Storo bis Carl Berners plass befindet sich im Bau. Der durchschnittliche Stationsabstand beträgt 790 m, wobei der längste mit 2,5 km zwischen Skullerud und Mortensrud liegt.

Im Laufe der mehr als 100-jährigen Geschichte wurden allmählich alle lokalen Bahnen in der Gesellschaft AS Oslo Sporveier vereint, auch wenn ‚AS Holmenkolbanen' auf dem Papier bis 1991 eine unabhängige Firma darstellte. Am 1. Juli 2003 wurde mit ‚Oslo T-banedrift AS' ein eigenständiger U-Bahnbetrieb gegründet.

Die T-bane ist in das allgemeine Tarifsystem eingebunden, welches außerdem die Straßenbahn, Nahverkehrszüge, Stadtbusse und Fähren zu den Inseln im Stadtgebiet umfasst. Für Fahrten innerhalb des Stadtgebiets gilt ein Einheitstarif. Im Januar 2004 kostete ein für eine Stunde gültiger Einzelfahrschein 20 norwegische Kronen (NOK), ein 24-Stunden-Ticket (Dagskort) 60 NOK und eine persönliche Monatskarte 590 NOK [April 2004: 100 NOK = 12,15 EUR]. Für Fahrten außerhalb der Stadt Oslo (auch T-bane-Strecken im benachbarten Bærum) gilt der SL-Zonentarif (Stor-Oslo Lokaltrafikk).

Linien

Seit dem Jahr 1995, als der durchgehende Betrieb vom Osten nach Westen und umgekehrt auf allen Linien möglich wurde, gibt es 5 T-bane-Linien. Welcher östliche Ast mit welchem im Westen verbunden ist, hat sich im Laufe der Zeit mehrmals geändert, weshalb hier die Strecken mit ihren traditionellen Namen und den im Jahr 2004 gültigen Liniennummern beschrieben werden:

Westlinien:

[1] **Holmenkollbahn** – die älteste der westlichen Bahnen wurde 1898 eröffnet und hatte bis zur unterirdischen Verlängerung bis **Nationaltheatret** im Jahr 1928 ihren Endpunkt in **Majorstuen**. Diese Bahn fährt auf den Holmenkollen und

The Norwegian capital Oslo is situated at the head of Oslo Fjord and is surrounded by a ridge of 300 – 600 m high hills. It has a population of 517,000 within an area of 454 km^2. Oslo is bordered on both the east and west sides by the county (fylke) of Akershus, which has a population of approximately 485,000, with the municipalities (kommune) of Bærum in the west (pop. 102,000, incl. Sandvika) and Skedsmo in the east (pop. 40,000, incl. Lillestrøm). Within a radius of 60 km from Central Oslo, the population is about 1.1 million.

Oslo was originally situated a little further east of today's city centre, at the foot of Ekeberg Hill in an area now known as Gamlebyen (Old Town), southeast of the Central Station. After a fire in 1624, the Danish King Christian IV decided to build a new town behind the walls of Akershus Castle, naming the town after himself: Christiania. After splitting from Denmark, the town became the capital of Norway in 1814. In 1925, Kristiania, as it was spelt then, was renamed Oslo.

General Introduction

For its relatively low population as a European capital, Oslo has quite an extensive urban rail network, which consists of different types:

1) *Trikken – street trams (27 km)*
2) *2 suburban tram lines (Ekebergbanen 6.5 km and Lilleakerbanen 4.5 km)*
3) *2 T-bane routes classifiable as light rail lines (Holmenkollbanen 11 km and Kolsåsbanen 6 km)*
4) *5 T-bane routes with metro standard (59 km)*
5) *Lokaltog – local and regional railways (40 km in Oslo city within built-up area)*

Types 1) and 2) are operated jointly and types 3) and 4) form one network. Types 2) and 3) are still connected at Jar, although only a short stretch of tracks is actually used by both now. Type 5) is operated on the same tracks as long-distance trains and the Airport Express train.

Since 2003, after the closure of Kolsåsbanen between Bekkestua and Kolsås (6.5 km, 7 stations), and after the opening of the first part of the ring line from Ullevål stadion to Storo, the T-bane network has had a total length of 76 km (96 stations), of which the central 4.5 km underground stretch between Majorstuen and Tøyen is shared by all lines (except Line 1, which now terminates at Majorstuen). Approximately 18 km lies underground in tunnels with 16 stations, two of which (Stovner and Trosterud) lie just inside the tunnel section. Another 1.5 km from Storo to Carl Berners plass is under construction. The average station distance is 790 m, the longest being between Skullerud and Mortensrud (2.5 km).

In the course of over 100 years of history all local railway or tram companies were gradually absorbed by or amalgamated with AS Oslo Sporveier, although 'AS Holmenkollbanen' remained an independent company on paper until 1991. As of 1 July 2003, the metro section became a new company called 'Oslo T-banedrift AS'.

The T-bane is integrated in the general tariff system, which includes trams, local railways, city buses and boats serving islands within the city boundaries. Flat fare tickets can be bought for trips within Oslo city. As of January 2004, a single ticket, valid for one hour, is 20 NOK, a 24-hour ticket (Dagskort) is 60 NOK, and a personal monthly pass is 590 NOK [April 2004: 100 NOK = 12.15 EUR]. For trips outside Oslo (including T-bane stations in Bærum) the zonal SL system applies (Stor-Oslo Lokaltrafikk).

Lines

Since through east-west operation was introduced on all lines in 1995, five T-bane lines have been in operation. From time to time, different branches on either side have been linked to each other, therefore routes are described here by their traditional names with their line numbers as in 2004:

Western Lines:

[1] ***Holmenkollbanen*** *– This is the oldest of the western suburban lines and opened in 1898, with* ***Majorstuen*** *as its city terminus until the tunnel extension to* ***Nationaltheatret*** *was completed in 1928. The line climbs up the*

❶–❹ Frognerseteren (Holmenkollbanen)

Genießen Sie den Ausblick über den Oslofjord aus 469 m Seehöhe, die T-bane bringt Sie hin, im Sommer wie im Winter.

Enjoy the view over the Oslo Fjord from an altitude of 469 m; the T-bane will take you there, in summer and in winter.

Photo: Leif-Harald Ruud

Majorstuen

❶ Ein T2000-Zug ist bereit zur Abfahrt auf der Linie 1 Richtung Frognerseteren. Im Hintergrund sieht man die Holmenkoll-Sprungschanze. Auf dem linken Gleis fährt ein Zug der BR 1000 der Linie 3 Richtung Innenstadt ein.

❷ Die Linie 1 wendet im Normalbetrieb auf dem mittleren Gleis.

❸ Im Empfangsgebäude befindet sich auch die Zentrale von Oslo Sporveier.

❹ Gleich am östlichen Ende des Bahnhofs beginnt die unterirdische Strecke Richtung Nationaltheatret.

❶ *A T2000 is ready for departure on Line 1 to Frognerseteren. In the background the Holmenkoll ski jump can be seen. On the left track, an inbound Line 3 class-1000 train is entering the station.*

❷ *Line 1 trains reverse on the middle track during normal service.*

❸ *The station building houses the Oslo Sporveier head office.*

❹ *Just to the east of the station the underground section to Nationaltheatret begins.*

erreicht eine Höhe von 469 m. Die Strecke verläuft durch wohlhabende Vororte und weite Wälder. Aus dem Zug und von der Bergspitze können die Fahrgäste die herrliche Aussicht über die Stadt und den Oslofjord genießen.
Die Holmenkollbahn kann man nicht als U-Bahn bezeichnen, da sie mehrere Bahnübergänge für den motorisierten Verkehr aufweist. An den meisten Haltestellen müssen auch die Fahrgäste die Gleise überqueren, um zum gegenüberliegenden Bahnsteig zu kommen. Die Holmenkollbahn ist also mit einer deutschen Stadtbahn vergleichbar. Damit auf der kurvenreichen Strecke wenigstens 2-Wagen-Züge eingesetzt werden können, wurden bereits vor Jahren einige Bahnsteige mit einem hölzernen Behelfsbahnsteig verlängert. An manchen Stationen ist das ursprüngliche, über 100 Jahre alte Empfangsgebäude erhalten geblieben, auch wenn heute keines davon mehr dem Bahnbetrieb dient. Von 1995 bis 2003 fuhren die Züge der Linie 1 weiter nach Osten bis Helsfyr oder Bergkrystallen, aber aufgrund der beschränkten Kapazität der 2-Wagen-Züge wurde die Linie 2003 nach Majorstuen zurückgenommen. 1995 wurden einige Züge mit einem zweiten Stromabnehmer ausgerüstet, so dass sie sowohl über Stromschiene als auch über Oberleitung gespeist werden können. Die Holmenkollbahn schaltet an der Haltestelle **Frøen** zwischen beiden Systemen um. Derzeit wird die Strecke hauptsächlich mit T2000-Zügen befahren, in Zukunft könnte sie jedoch zu einer modernen Stadtbahn umgebaut werden und an das Tramnetz entweder in Majorstuen oder in Gaustad/Rikshospitalet angeschlossen werden.

[2] **Røabahn** – diese Bahn wurde 1995 auf Metrobetrieb umgestellt, was bedeutete, dass alle früheren Bahnübergänge abgeschafft wurden und die Oberleitung durch eine Stromschiene ersetzt wurde. Die Zahl der Bahnhöfe wurde von 15 auf 10 reduziert, um die Reisegeschwindigkeit zu erhöhen. Von 1939 bis 1997 hatte die Røabahn sogar eine unterirdische Haltestelle **Volvat**, die in dem kurzen Tunnelstück zwischen Majorstuen und Borgen lag. Seit 1995 wird die Røabahn gemeinsam mit der Furusetbahn als Linie 2 betrieben, auf der in der Hauptverkehrszeit 6-Wagen-Züge zum Einsatz kommen. Die Røabahn verläuft durch typische Vororte, in denen Einfamilienhäuser und kleine Wohnblocks vorherrschen. **Hovseter** ist der wichtigste Bahnhof auf dieser Strecke. Nach **Ekraveien** überquert die Bahn den Lysakerelva, einen kleinen Fluss, der die westliche Grenze der Stadt Oslo bildet. Im benachbarten Bærum gilt der Tarif der Zone V-02.

[3] **Sognsvannsbahn** – diese Strecke wurde 1993 als erste der Westlinien auf Metrostandard umgerüstet, vor allem wegen des hohen Fahrgastaufkommens durch die Universität Oslo im Raum Blindern. Ähnlich wie die Holmenkollbahn steigt auch die Sognsvannsbahn auf einer kurvigen Strecke die nördliche Hügelkette empor, auch wenn sie nur eine Höhe von 198 m erreicht. Im Zuge des Umbaus verschwanden die Haltestellen in Frøen (jetzt nur eine Haltestelle der Linie 1) und Nordberg. Letztere lag nur 300 m südlich von Holstein. 1999 wurde der frühere Halt Vestgrensa durch die Station **Forskningsparken** ersetzt, welche nun etwa 400 m weiter südlich ein direktes Umsteigen zur neuen Straßenbahnstrecke zum Rikshospital ermöglicht. Wie Frognerseteren auf der Holmenkollbahn ist die Endstation der Sognsvannsbahn ein Tor zur wunderbaren Landschaft der Nordmarka.

[4] **Kolsåsbahn** – als die Røabahn und die Sognsvannsbahn auf Metrobetrieb umgestellt wurden, entschied man sich dafür, auf der Kolsåsbahn den Betrieb mit Oberleitung beizubehalten, da der südliche Abschnitt zwischen **Jar** und **Kolsås** auch von den Straßenbahnen befahren wurde. Um durch den zentralen Tunnel und weiter auf einem östlichen Ast verkehren zu können, schalten die Züge an der Station **Montebello** auf Stromzufuhr über dritte Schiene um. Die Kreuzung im Bereich Sørbyhaugen zwischen Montebello und Smestad ist die einzige niveaugleiche Kreuzung des ganzen Netzes. Westlich der Station **Lysakerelven** erreicht die T-bane das Gemeindegebiet von Bærum, wo der Zonentarif V-02 gilt.

2003 wurde der Betrieb auf dem Abschnitt **Bekkestua**–Kolsås leider eingestellt, nachdem es zu keiner Einigung zwischen der Stadt Oslo und der benachbarten Gemeinde Bærum gekommen war. Derzeit laufen die Verhandlungen weiter und die Zukunft wird zeigen, in welcher Form diese Strecke wiedereröffnet werden kann. Bis Lysakerelven soll die Kolsåsbahn auf Metrobetrieb umgerüstet werden.

Ostlinien:

[2] **Furusetbahn** – von Anfang an wurde diese Strecke als Metrolinie geplant und gebaut, sie ist auch am ehesten mit anderen Metros der Welt vergleichbar. Die Furusetbahn verkehrt bis **Brynseng** gemeinsam mit der Østensjøbahn und der Lambertseterbahn. Östlich der Station **Hellerud** verläuft sie größtenteils unterirdisch entlang der östlichen Hügel des Grorudtals, wo seit den Sechziger Jahren viele Wohngebiete entstanden sind. Mit einer Höchstgeschwindigkeit von 70 km/h auf vielen Abschnitten handelt es sich auch um die schnellste T-bane-Strecke. Außer **Haugerud** liegen alle Stationen im Tunnel, jedoch nur die Endstation **Ellingsrudåsen** liegt in einem tiefen Felstunnel. Anfangs wurde die Strecke als Linie 6 befahren, seit dem durchgehenden Ost-West-Betrieb bildet die Furusetbahn gemeinsam mit der Røabahn die Linie 2. Es gibt Planungen für eine Verlängerung bis Lørenskog außerhalb der Stadt Oslo.

[3] **Østensjøbahn** – abgesehen von der Ekebergbahn (1917) ist der Abschnitt **Brynseng–Oppsal** die älteste Vorortbahn im Osten der Stadt (1926). Seit jeher trägt sie die Bezeichnung Linie 3. Während die Ekebergbahn von der Umstellung auf Metrobetrieb ausgeschlossen blieb, wurde die Østensjøbahn nach Süden verlängert und ab 1967 als Metrolinie betrieben. Nachdem die ursprünglichen Pläne für eine Verlängerung der Lambertseterbahn nach **Mortensrud** geändert worden waren, erreichte die Østensjøbahn 1998 dort ihren derzeitigen südlichen Endpunkt. Entlang der Strecke gibt es

Holmenkollen hills to 469 m above sea level and runs through nice upper class neighbourhoods and extensive forests. From the top and from the train, passengers can enjoy wonderful views across both the city and Oslo Fjord.
Holmenkollbanen cannot be classified as a metro line because it has several level crossings for vehicles, and at most stops passengers have to cross tracks to get to the opposite platform. Only 2-car trains can be used on the winding route, some platforms having already been extended with a wooden structure. Some stops still preserve their original 100-year old station building, although none of these are used for railway purposes now. From 1995 until 2003, Line 1 trains continued to Helsfyr or Bergkrystallen in the east, but due to the limited capacity of the 2-car trains, the line was cut back to Majorstuen in 2003. In 1995, some trains were equipped with a second current collector so they could be used with both overhead and third rail power supplies. Holmenkollbanen switches between the two systems at the ***Frøen*** *stop. Currently, the line is mainly served by T2000 trains, although in the future it might be rebuilt as a light rail line and linked to the city's tram network, either at Majorstuen or at Gaustad/Rikshospitalet.*

[2] ***Røabanen*** *– This line was upgraded to metro operation in 1995, which means that all former level crossings have been eliminated and the overhead wire has been replaced by third rail power supply. Also, the number of stations has been reduced from 15 to 10 in order to increase travel speed. From 1939 until 1997, Røabanen even had an underground station at* ***Volvat****, which lay in the short tunnel between Majorstuen and Borgen. Since 1995, Røabanen has been operated together with Furusetbanen as Line 2, using 6-car trains during peak hour traffic. The line runs through typical suburban areas dominated by single family homes and blocks of flats,* ***Hovseter*** *being the busiest station of the line now. After* ***Ekraveien*** *station it crosses Lysakerelven, a small river which forms the western border of the city of Oslo. On the stretch in the municipality of Bærum, zone V-02 fares apply.*

[3] ***Sognsvannsbanen*** *– In 1993, this became the first of the western lines to be rebuilt to allow metro operation, mainly because of the high traffic generated by the University of Oslo with its main campus in the Blindern area. Like Holmenkollbanen, Sognsvannsbanen climbs up the hill along a winding route, although it only reaches a maximum height of 198 m above sea level. In the course of the upgrading, the platforms at Frøen (now only a Line 1 stop) and Nordberg were removed. The latter stop was only 300 m south of Holstein station. In 1999, the former station at Vestgrensa was replaced by* ***Forskningsparken*** *station some 400 m further south, which provides a convenient interchange with the newly opened tram line to Rikshospitalet. Like Frognerseteren on Holmenkollbanen, the terminus of Sognsvannsbanen is a gateway to the marvellous countryside of the Nordmarka.*

[4] ***Kolsåsbanen*** *– When Røabanen and Sognsvannsbanen were changed to metro operation, the decision was taken for Kolsåsbanen to retain its overhead power supply, because along the southern stretch of the line from* ***Jar*** *to* ***Kolsås*** *there was mixed traffic, both trams and T-bane. In order to run through the central tunnel and continue on one of the eastern lines, trains have to switch to third rail power supply at* ***Montebello*** *station. The junction at Sørbyhaugen between Montebello and Smestad is the only one on the network with tracks crossing at grade. After* ***Lysakerelven*** *station, the line reaches the municipality of Bærum, where zone V-02 fares apply.*
In 2003, operation on the ***Bekkestua****–Kolsås section was unfortunately suspended because of a lack of agreement between the city of Oslo and the neighbouring Bærum municipality. The future will show whether and in what form this section will be reopened again. The stretch as far as Lysakerelven is likely to be upgraded to metro operation in the future.*

Eastern Lines:

[2] ***Furusetbanen*** *– This line was planned and built as a metro line and is indeed the line that is most comparable to other metro lines in the world. Furusetbanen shares tracks with Østensjøbanen and Lambertseterbanen up to* ***Brynseng****. East of* ***Hellerud****, the line runs mostly underground along the eastern hills of the Grorud valley, where many dormitory towns have been built since the 1960's. With many sections allowing a maximum speed of 70 km/h, it is the fastest T-bane route. Except for* ***Haugerud****, all stations are underground, although it is only the terminus* ***Ellingsrudåsen*** *that lies in a deep rock cavern. Originally assigned line number 6, it has been Line 2 since through operation started together with Røabanen. There is a proposal to extend the line beyond the Oslo city boundaries to Lørenskog.*

[3] ***Østensjøbanen*** *– With the exception of Ekebergbanen (1917), the* ***Brynseng–Oppsal*** *section is the oldest of the eastern suburban railways (1926). It has always been labelled Line 3. Whereas Ekebergbanen was not converted to metro operation, Østensjøbanen was extended southwards and upgraded to metro standard in 1967. After the initial idea to extend Lambertseterbanen to* ***Mortensrud*** *was discarded, Østensjøbanen reached its southern terminus in 1998. Along the line there are several rock tunnels, but all stations have been built in the open. The line might eventually be extended further south to Klementsrud or Bjørndal.*

[4] ***Lambertseterbanen*** *– When this line opened in 1957 as a suburban tram line, the decision to upgrade it to metro had already been taken, so all metro parameters had already been taken into account. In 1966 it became the first tunnelbane line to run through the central underground section as far as* ***Jernbanetorget****. The main depot and workshop for T-bane trains is located at* ***Ryen****.* ***Bergkrystallen****, the terminus of Lambertseterbanen, lies in the middle of a densely built-up area.*

Holmenkollbanen

❶ **Gråkammen** – eines der originalen Wartehäuschen.

❷ Die Holmenkollbahn führt durch schöne Wohngegenden, hier bei **Gråkammen**.

❸ Fahrgäste müssen auf der Holmenkollbahn oft die Gleise überqueren um zum anderen Bahnsteig zu kommen, wie hier in **Gaustad**.

❹ In **Vinderen** kreuzt die Holmenkollbahn eine stark befahrene Straße. Die Bahnsteige liegen jeweils vor der Kreuzung.

❶ ***Gråkammen*** *– one of the original wooden sheds.*

❷ *Holmenkollbanen runs through nice residential areas, here it is near the* ***Gråkammen*** *stop.*

❸ *Passengers often have to cross the tracks to get to the opposite platform, like here at* ***Gaustad****.*

❹ *At* ***Vinderen****, Holmenkollbanen crosses a busy road. Platforms lie on either side of the crossroads.*

Røabanen

❶ **Hovseter** ist die am meisten frequentierte Station dieser Strecke.

❷ An der Endtstation **Østerås** kann man zu den Bussen direkt am Bahnsteig umsteigen.

❸ Am Bahnhof **Smestad** hält sowohl die Røabahn als auch die Kolsåsbahn.

❹ **Ekraveien** liegt kurz vor dem Fluss Lysakerelva, der die Grenze zwischen Oslo und Bærum bildet. An manchen Station ist es nötig, Bremssand zu streuen.

❶ ***Hovseter** is the busiest station on this route.*

❷ *At the terminus **Østerås**, interchange with buses is provided across the platform.*

❸ ***Smestad** station is served by both Røabanen and Kolsåsbanen.*

❹ ***Ekraveien** is close to the Lysakerelva River, which is the border between Oslo and Bærum. At some stations, sand is needed for braking.*

mehrere Felstunnel, doch alle Stationen befinden sich im Freien. Die Linie könnte eines Tages im Süden bis Klementsrud oder Bjørndal verlängert werden.

[4] **Lambertseterbahn** – als diese Strecke 1957 als Vorortstraßenbahn eröffnet wurde, war die Entscheidung über einen späteren Umbau zur Metro bereits gefallen, weshalb sämtliche Metroparameter beim Bau berücksichtigt wurden. 1966 fuhr die Lambertseterbahn als erste ‚Tunnelbahn' durch den zentralen unterirdischen Abschnitt bis **Jernbanetorget** (Hauptbahnhof). Die Betriebswerkstätte der T-bane befindet sich in **Ryen**. Der Name **Bergkrystallen** lässt zwar eine ähnliche Umgebung wie in Frognerseteren oder Sognsvann vermuten, die Endstation der Lambertseterbahn liegt jedoch in einem dicht besiedelten Gebiet.

[5] **Grorudbahn** – die längste der Ostlinien verläuft entlang des nordwestlichen Abhangs des Grorudtals und bietet einen schönen Ausblick nach Süden in das Furusetgebiet. Die Grorudbahn zweigt von der Stammstrecke gleich hinter dem Bahnhof **Tøyen** ab und fährt weiter unterirdisch bis zum Bahnhof **Hasle**. Nach einigen Kilometern erreicht sie die auf den Bergen errichteten Vorstädte rund um die Stationen **Grorud**, **Romsås** und **Stovner**. Von den drei unterirdischen Bahnhöfen liegen **Romsås** und **Vestli** im tiefen Fels. Die Grorudbahn ist die am stärksten ausgelastete Linie und bedient als Linie 5 nun auch den ersten Abschnitt der Ringbahn bis Storo.

[(1), 2, 3, 4, 5] **Stammstrecke** [Norw. fellesstrekningen] – im Stadtzentrum vereinigen sich alle Linien (außer die Linie 1, nur HVZ) in einem Tunnel quer durch die Stadt. Der normale Takt auf allen Außenstrecken beträgt im Tagesverkehr 15 Minuten, wodurch auf dem gemeinsamen Abschnitt alle 3–4 Minuten ein Zug verkehrt, was einem typischen Metrobetrieb entspricht. Die Stammstrecke beginnt westlich des Bahnhofs **Majorstuen**, wo alle Weststrecken zusammenlaufen. Direkt östlich des Bahnhofs Majorstuen tauchen die Züge in den Tunnel und sausen nach ca. 200 m durch den geschlossenen Bahnhof Valkyrie plass, bevor sie nach 1,8 km den Bahnhof **Nationaltheatret** erreichen. Entlang dieses langen Abschnitts ist seit fast 80 Jahren eine Zwischenstation Homansbyen geplant. Der Bahnhof **Stortinget** liegt eigentlich hinter dem Stortinget, dem Parlamentsgebäude, tief unter der Karl Johans Gate, Oslos beliebter Fußgängerzone, die zum Hauptbahnhof hinunterführt. Das Gebiet Vaterland zwischen den Bahnhöfen **Jernbanetorget** (Bahnhofsplatz) und **Grønland** hat sich im Zuge des Baus der Metro stark verändert. Hier findet man heute die höchsten Gebäude der Stadt, nämlich das Radisson Plaza Hotel und das Postgebäude, außerdem einen riesigen Busbahnhof. In der Nähe des Bahnhofs **Tøyen** liegt das Munch-Museum, eine wichtige Touristenattraktion Oslos. Gleich nach diesem Bahnhof zweigt die Grorudbahn (und bald auch die Ringbahn) von der Stammstrecke, die weiter bis Helsfyr führt, ab. Um die Linie 5 besser einzubinden, wurde 1970 im Bahnhof Tøyen ein eigener, dritter Bahnsteig für deren Züge Richtung Stadtzentrum gebaut (siehe S. 33).

Bahnhöfe:

Bis 1999 wurden alle Bahnhöfe mit Seitenbahnsteigen, die meist über Rampen und Treppen erreichbar sind, gebaut. An manchen Stationen gibt es nur Rampen, während Björnsletta nur über Treppen zugänglich ist. Auch alle unterirdischen Stationen sind für Gehbehinderte oder mit Kinderwagen über Rampen erreichbar, außer Romsås und Ellingsrudåsen, wo drei Aufzüge zu den tiefen Bahnsteigen führen. Aufzüge gibt es außerdem in den Stationen Stortinget, Jernbanetorget, Brynseng, Lindeberg, Furuset, Høyenhall und Vestli. Die meisten oberirdischen Stationen haben eine sehr schlichte Gestaltung, zwei 110 m lange asphaltierte Bahnsteige mit einem kleinen überdachten Wartebereich, um Fahrgästen an Regentagen Schutz zu gewähren. Manche Bahnhöfe haben ein kleines Empfangsgebäude, in dem sich meist ein Narvesen-Laden befindet, wo man neben Fahrscheinen auch Zeitungen, Getränke und Imbisse kaufen kann. Ab 2004 sollen an den zentraleren Bahnhöfen Zugangstüren, ähnlich wie in Paris, eingebaut werden, um die Zahl der Schwarzfahrer zu reduzieren. Für dieses neue System sollen elektronische Tickets eingeführt werden, die auch in den Stadtbussen, Straßenbahnen, NSB Vorortzügen und in den SL Vorortbussen gelten.

Geschichte der T-bane

Die Geschichte des städtischen Schienenverkehrs begann in Oslo im Jahr 1875, als die erste Pferdestraßenbahn ihren Betrieb aufnahm. Ab 1894 verkehrten Skandinaviens erste elektrische Straßenbahnen zwischen Jernbanetorget und Majorstuen über Briskeby, mit einem Abzweig nach Skarpsno.

Die Anfänge der heutigen T-bane gehen zurück auf das Jahr 1898, als die erste Vorortbahn (Norw. ‚forstadsbane'), die **Holmenkollbahn**, von Majorstuen bis Holmenkollen Sanatorium (heute Besserud) eröffnet wurde. Damals war die Stadt Oslo ein kleines Gebiet, das von der Gemeinde Aker umgeben war; Majorstuen lag einst am Rande der Stadt. Von Anfang an war die Holmenkollbahn für den Ausflugsverkehr sehr wichtig, denn sie brachte die Leute zu den Skipisten und Wanderwegen in der Nordmarka. Die Bahngesellschaft schaffte es auch, wohlhabende Osloer auf den Hügeln des Holmenkollen anzusiedeln, wo sie dem geschäftigen Leben der Großstadt entfliehen und die herrliche Aussicht über den Oslofjord genießen konnten.

*[5] **Grorudbanen** – the longest of the eastern lines runs along the northern hills of the Grorud valley, providing nice views south over the Furuset area. Grorudbanen branches off the trunk line just after **Tøyen** station and runs underground as far as **Hasle**. After several kilometres it reaches the large satellite towns built high on the hills around **Grorud**, **Romsås** and **Stovner** stations. Of the three underground stations, only **Romsås** and **Vestli** lie in deep rock caverns. Grorudbanen is the busiest of all lines and is now operated together with the first stretch of the ring line.*

*[(1), 2, 3, 4, 5] **Trunk route** [Norw. fellesstrekningen] – in the city centre, all eastern and western branch lines (except Line 1, only peak hours) meet in a cross-city tunnel. While normal daytime frequency on individual lines is a train every 15 minutes, this way along the central stretch a train arrives every 3–4 minutes, thus offering a real metro service. The trunk route starts west of **Majorstuen** station, where all lines converge. Just east of Majorstuen station, trains dive into the cross-city tunnel, after some 200 m race through the abandoned Valkyrie plass station and after a long 1.8 km stretch reach **Nationaltheatret**. Along this section another station, Homansbyen, has been planned for almost 80 years. **Stortinget** station actually lies behind Stortinget, the Parliament building, deep under Karl Johans gate, Oslo's most popular pedestrianised street, which leads down to the Central Station. The area between **Jernbanetorget** (Station Square) and **Grønland** has undergone many changes in the course of the construction of the metro and the expansion of the railway station. In the area called Vaterland Oslo's highest buildings are now found (the Radisson Plaza Hotel and the Post House), as well as a huge coach station. Near **Tøyen** metro station lies one of Oslo's main tourist attractions, the Munch Museum. Just after this station, Grorudbanen (and soon also T-baneringen) branches off the main route, which runs towards Helsfyr. To provide for a better incorporation of westbound Line 5 trains, a third platform was added to Tøyen station in 1970 (see p. 33).*

Stations:

All stations opened before 1999 have side platforms that generally are accessible via ramps and stairs. Some stations only have ramps, and Björnsletta can only be accessed via stairs. Also, all underground stations provide full accessibility for the handicapped or for people with prams via ramps, except for Romsås and Ellingsrudåsen, where three elevators lead to the deep rock cavern stations. Stortinget, Jernbanetorget, Brynseng, Lindeberg, Furuset, Høyenhall and Vestli stations are also equipped with lifts. Most surface stations have a very minimal design consisting of little more than two 110 m long asphalt platforms, each with a small shelter to protect waiting passengers on rainy days. Some stations have a small station building usually housing a Narvesen kiosk, which sells tickets, newspapers, drinks, etc. From 2004, ticket barriers (Paris-like gates) will be fitted at entrances and exits in stations within the city centre to reduce the rate of fare evasion. For this new system electronic tickets will be introduced, which will also be valid on buses, trams, NSB local trains and SL suburban buses.

T-bane History

The history of urban rail transport in Oslo began in 1875 with the opening of the first horse-drawn tramway lines. In 1894, Scandinavia's first electric tramway line began service between Jernbanetorget and Majorstuen via Briskeby, with a branch to Skarpsno.

*The origin of the Oslo T-bane goes back to 1898, when the first suburban railway (Norw. 'forstadsbane'), **Holmenkollbanen**, was opened from Majorstuen to Holmenkollen Sanatorium (now Besserud). At that time the city of Oslo was actually a small area surrounded by the municipality of Aker, Majorstuen then being situated at the edge of town. From the beginning, Holmenkollbanen has been very important for leisure activities, taking people to ski slopes and hiking trails in Nordmarka. The railway company also saw a big potential in attracting well-to-do Osloers to settle on the hills of Holmenkollen where they could escape the busy city and enjoy a quiet life with marvellous views across the Oslo Fjord.*
At Majorstuen a link was built to the city's tramway network, but through service on both systems never happened and the link was dismantled in 1912. Holmenkollbanen was initially operated with tramway-like 2 m wide rolling stock built in Germany, but in 1910 these cars were replaced by 3.1 m wide and 15.5 m long railway-type carriages (see p. 134).
*In 1912, the municipality of Aker opened a single-track line from Majorstuen to Smestad, which was also operated by the private company AS Holmenkolbanen. A few years later, in 1916, the original line was extended further up the mountain to reach **Frognerseteren** at a height of 469 m above sea level. This stretch was referred to as Tryvannsbanen, and until 1939, continued for another 800 m to Tryvann, but this section never saw regular service.*
*As early as 1912, work began on an underground link from Majorstuen to the city centre. But because of many complaints due to damage caused to adjacent buildings, construction was suspended two years later and was not resumed until 1926. Along the 2 km underground stretch two intermediate stations were planned, one at Industrigata and another one at Josefines gate. When part of the tunnel under construction collapsed at Valkyrie plass, a station was built there instead. This station was in service until 1985, when it was closed as it only allowed 2-car trains to stop there. The tunnel between Majorstuen and **Nationaltheatret** finally opened in 1928.*

Sognsvannsbanen

❶ Der Halt **Forskningsparken** wurde erst 1999 als Umsteigestation zur Tram eröffnet. Er ersetzte den etwa 300 m nördlich liegenden Halt Vestgrensa.

❷ Seit 2003 zweigt die Ringlinie nördlich der Station **Ulleval stadion** von der Sognsvannsbahn ab.

❸ Ein Zug der Linie 3 ist von Sognsvann, das sich nur ca. 400 m weiter nördlich befindet, in **Kringsjå** eingefahren.

❹ Die Endstation **Sognsvann** liegt am Eingang zum Naturpark Nordmarka.

❶ ***Forskningsparken*** *station was opened in 1999 and provides interchange with the tram system. This station replaced the former Vestgrensa stop, which was 300 m further north.*

❷ *Since 2003, the Ring Line has branched off Sognsvannsbanen just north of* ***Ulleval stadion*** *station.*

❸ *A Line 3 train has arrived at* ***Kringsjå*** *from the terminus Sognsvann, which is only some 400 m further north.*

❹ *The terminus* ***Sognsvann*** *lies at the edge of the Nordmarka natural park.*

Kolsåsbanen

❶ Bei **Montebello** wechseln die Züge von Oberleitung auf seitliche Stromschiene. Bei Umrüstung auf Metrobetrieb müssen die Bahnübergänge beseitigt werden.

❷ **Bekkestua** ist derzeit die Endstation der Linie, die Chancen für eine Wiedereröffnung bis Kolsås stehen aber gut.

❸ Ein Zug der Linie 4 von Bekkestua fährt in **Lysakerelven** ein, der erste Halt im Stadtgebiet von Oslo.

❹ In **Jar** hält auch die Tramlinie 10, sie benutzt den bahnsteiglosen Abschnitt.

*❶ At **Montebello**, trains switch from overhead to third rail power supply. When upgraded to metro standard, level crossings will have to be eliminated.*

*❷ **Bekkestua** is the current terminus of the line, although there is a chance that the line will reopen to Kolsås.*

*❸ A line 4 train from Bekkestua is arriving at **Lysakerelven**, the first stop within the Oslo city boundaries.*

*❹ At **Jar**, tram 10 stops at the section without a platform.*

In Majorstuen gab es eine Gleisverbindung zum städtischen Straßenbahnnetz, die jedoch nie genutzt und schließlich 1912 abgebaut wurde. Die Holmenkollbahn wurde anfangs mit 2 m breiten, in Deutschland gebauten Fahrzeugen betrieben, doch 1910 wurden diese durch 3,1 m breite und 15,5 m lange Eisenbahnwagen ersetzt (siehe S. 134).
1912 eröffnete die Gemeinde Aker eine eingleisige Strecke von Majorstuen nach **Smestad**, die auch von der privaten Gesellschaft ‚AS Holmenkolbanen' betrieben wurde. Wenige Jahre später, 1916, wurde die erste Linie weiter den Berg empor bis **Frognerseteren** verlängert, wo sie eine Höhe von 469 m erreichte. Dieser Abschnitt wurde als Tryvannsbahn bezeichnet und führte bis 1939 800 m weiter bis Tryvann, auch wenn dieser kurze Abschnitt nie im regulären Betrieb befahren wurde.
Bereits 1912 begannen die Bauarbeiten an einer unterirdischen Verbindung zwischen Majorstuen und dem Stadtzentrum. Jedoch wegen erheblicher Schäden an den angrenzenden Gebäuden mussten die Arbeiten zwei Jahre später eingestellt werden, sie wurden erst 1926 wieder aufgenommen. Entlang der 2 km langen Strecke sollten zwei Zwischenstationen entstehen, eine an der Industrigata und eine an der Josefines gate. Als ein Teil des Tunnels im Bereich Valkyrie plass einstürzte, baute man stattdessen hier einen Bahnhof. Dieser Bahnhof war bis 1985 in Betrieb, er wurde geschlossen, weil hier nur 2-Wagen-Züge halten konnten. Der Tunnel zwischen Majorstuen und **Nationaltheatret** wurde schließlich 1928 eröffnet.
In den Zwanziger Jahren wurden zwei Straßenbahnlinien gebaut, die später Teil des T-bane-Netzes wurden. Die erste war die **Lilleakerbahn** im Westen, die 1924 Avløs erreichte (Bærumsbahn). Auf der anderen Seite von Oslo wurde 1926 die **Østensjøbahn** als Vorortstraßenbahn von Brynseng bis Oppsal in Betrieb genommen. Vier Jahre später wurde die Lilleakerbahn bis Kolsås verlängert. Beide Linien, die Lilleakerbahn und die Østensjøbahn, wurden gemeinsam durch das Stadtzentrum betrieben und bildeten eine 30 km lange Linie. 1942 wurde der Abschnitt westlich von Jar über Montebello an die Smestadbahn angeschlossen und von nun an **Kolsåsbahn** genannt, während der restliche Abschnitt bis heute von Straßenbahnen (derzeit Linie 10) befahren wird.
In der Zwischenzeit hatte die Gemeinde Aker 1934 eine neue Linie nach **Sognsvann** eröffnet. Abgesehen vom letzten Abschnitt zwischen Korsvoll (heute Østhorn) und Sognsvann war diese Strecke von Anfang an zweigleisig. 600 m nördlich von Korsvoll lag damals eine weitere Haltestelle, Nordberg, die 1992 geschlossen wurde, als die Sognsvannsbahn zur Metro umgebaut wurde. Mit dem Betrieb dieser Linie wurde auch die ‚AS Holmenkolbanen' beauftragt.
Ein Jahr später wurde die Smestad-Strecke größtenteils eingleisig bis Røa verlängert und hieß fortan **Røabahn**. Bis 1939 wurde der Abschnitt Majorstuen-Smestad umgebaut, es entstand ein kurzer Tunnel, in dem bis 1996 die unterirdische Station Volvat lag. Bis 1951 wurde die Røabahn weiter in die benachbarte Gemeinde Bærum bis Lijordet verlängert.
Nachdem im Jahre 1948 die Stadt Oslo und die Gemeinde Aker zusammengeschlossen wurden, begann die Ausdehnung der Stadt Richtung Osten. Während es im Westen vier Vorortbahnen und die Tramstrecke der Lilleakerbahn gab, endeten im Osten die meisten Straßenbahnstrecken an den ehemaligen Stadtgrenzen. Eine Ausnahme waren die Østensjøbahn nach Oppsal und die **Ekebergbahn**, die die Vororte entlang der östlichen Küste des Fjords erschließt (heute Linien 18 und 19 nach Ljabru). 1931 bekam die Ekebergbahn einen Ast nach Simensbråten, der später nach Lambertseter führen sollte. Diese Strecke wurde allerdings 1967, ein Jahr nach der Inbetriebnahme der ersten Metrolinie, geschlossen.

Pläne für eine unterirdische Verbindung zwischen Ost- und Westlinien gab es seit vielen Jahrzehnten, aber erst in den Fünfziger Jahren entstand dafür eine wirkliche Notwendigkeit, als die ersten Vorstädte auf den Hügeln im Osten und Südosten gebaut wurden. 1954 fiel die Entscheidung für ein neues Bahnnetz, welches mit dem im Westen der Stadt existierenden nicht kompatibel sein sollte. Zu jener Zeit war die Möglichkeit des durchgehenden Verkehrs nicht vorrangig, weil im Osten eine viel höhere Auslastung als im Westen angenommen wurde.

Die erste der neuen Linien war die **Lambertseterbahn**. Sie wurde 1957 als Schnellstraßenbahn eröffnet, ihre Streckenführung war von Anfang an für den späteren Metrobetrieb ausgelegt. Ein Jahr später wurde die Østensjøbahn von Oppsal bis Bøler (1,4 km) auch nach Metrostandard verlängert.
In der Zwischenzeit hatte man beschlossen, die 1917 eröffnete Ekebergbahn nicht in das Tunnelbahnprojekt aufzunehmen. 1957 begannen die Bauarbeiten der unterirdischen Strecke am Hauptbahnhof. Der erste 1,5 km lange Abschnitt von **Jernbanetorget** bis zu einem Punkt etwa auf halber Strecke zwischen Grønland und Tøyen wurde in offener Bauweise in einem Betontunnel errichtet, wovon ein etwa 20 m langer Abschnitt unter dem kleinen Fluss Akerselva liegt. Der Rest der unterirdischen Strecke (3,4 km) bis zum Tunnelmund in Hasle bzw. Ensjø wurde im Fels gebohrt. Bevor die ‚Tunnelbahn' (T-bane) im Mai 1966 eröffnet werden konnte, musste die Lambertseterbahn nach Bergkrystallen auf Metrobetrieb umgestellt werden, was bedeutete, dass die Oberleitung durch eine seitlich Stromschiene ersetzt wurde und die notwendigen Signalanlagen installiert werden mussten. Der bereits seit 1926 von der **Østensjøbahn** befahrene Abschnitt zwischen Helsfyr und Høyenhall wurde im Bereich Brynseng mit vier Gleisen ausgebaut. Westlich der Station Brynseng entstand ein Tunnel für das nach Westen führende Gleis der Lambertseterbahn, so dass hier eine kreuzungsfreie Ausfädelung möglich wurde. Die ehemalige Station Høyenhall wurde durch eine neue ersetzt, die jetzt nur noch von der Lambertseterbahn bedient wird.
Wenige Monate später, im November 1966, begann auch der Betrieb auf der **Grorudbahn** von Jernbanetorget bis Grorud; diese Strecke zweigt in Tøyen von der Stammstrecke ab. Die 6,7 km lange Strecke von Hasle bis Grorud verläuft meist an der Oberfläche, es gibt zwei kurze Tunnel bei Økern und Ammerud. Der Umbau der Østensjøbahn dauerte noch bis Oktober 1967, die Strecke wurde gleichzeitig um 2,1 km (davon ca. 500 m im Felstunnel) von Bøler bis Skullerud verlängert.

*In the 1920's, two tram lines, which would later become parts of the T-Bane network, were built. The first was **Lilleakerbanen** in the west, which reached Avløs in 1924 (Bærumsbanen). On the other side of Oslo, **Østensjøbanen** opened as a suburban tram line from Brynseng to Oppsal in 1926. Four years later, Lilleakerbanen was extended to Kolsås. Both lines, Lilleakerbanen and Østensjøbanen, were operated together through the city centre and became a 30 km long tram line. In 1942, the stretch west of Jar was linked to Smestadbanen via Montebello and named **Kolsåsbanen**, while the rest has been operated as a tram line (now line 10) ever since.*
In the meantime the municipality of Aker opened a new line to Sognsvann in 1934, which was double-track right from the start, except for the upper section from Korsvoll (now Østhorn) to Sognsvann. 600 m north of Korsvoll there was another stop, called Nordberg, which was closed in 1992 when Sognsvannsbanen was upgraded to metro operation. Operation of this line was also handed over to AS Holmenkollbanen.
*One year later in 1935, the line to Smestad was extended to Røa and became the mostly single-track **Røabanen**. By 1939, the Majorstuen-Smestad section had been rebuilt, including a short tunnel and the underground station Volvat (closed in 1996). By 1951, Røabanen had been further extended into the neighbouring municipality of Bærum with its terminus at Lijordet.*
*After the city of Oslo and the municipality of Aker were united in 1948, expansion towards the east increased. While in the west there were four suburban railways plus the suburban tramway Lilleakerbanen, in the east most tram lines terminated at the former city boundaries, except for the above-mentioned Østensjøbanen, which ran to Oppsal, and **Ekebergbanen**, which served the suburbs along the eastern coast of the fjord (now tram lines 18 and 19 to Ljabru). A branch line to Simensbråten was added to Ekebergbanen in 1931 as the first step of a future service to Lambertseter. This line was, however, dismantled in 1967 – one year after the opening of the metro line.*

Plans for an underground link of the western and eastern lines had existed for many decades, but only in the 1950's did construction of new lines in the east become a real necessity as new dormitory towns were built along the hills towards the east and southeast. The decision to create a new type of rail network that would be incompatible with the existing one on the western side of Oslo was taken in 1954. At that time, through traffic was not the main goal, as the capacity needs on either side of the city were very unequal, then being expected to be much higher on the eastern lines.

*The first of the new lines was **Lambertseterbanen**, which opened in 1957 as a suburban tram line, although it was constructed from the beginning to allow for metro operation. One year later, Østensjøbanen was extended from Oppsal to Bøler (1.4 km), also following metro standards.*
*In the meantime, the plan to include Ekebergbanen (opened in 1917) in the new 'tunnelbane' project was abandoned, and in 1957 construction started on the underground section from **Jernbanetorget** (railway station) towards the east. The first stretch from Jernbanetorget to a point half-way between Grønland and Tøyen stations was built by the cut-and-cover method as a concrete tunnel (1.5 km), including a 20 m long stretch under the small Akerselva river. The rest of the underground section up to the tunnel mouth at Hasle and Ensjø (3.4 km) was drilled out of rock. Before the 'tunnelbane' (T-bane) opened in May 1966, Lambertseterbanen to Bergkrystallen had been converted to metro operation, which meant that the overhead wire had been replaced by third rail power supply and the necessary signalling devices had been installed. The section already in use since 1926 by **Østensjøbanen** between Helsfyr and Høyenhall was rebuilt with four tracks at Brynseng station. West of Brynseng station a short tunnel was built for the westbound track of the Lambertseterbanen, which provides a junction without crossing the opposite track. The former station at Høyenhall was replaced by a new one, now only served by Lambertseterbanen.*
*A few months later, in November 1966, **Grorudbanen** also started service from Jernbanetorget to Grorud, branching off the trunk route just after Tøyen station. The 6.7 km stretch from Hasle to Grorud is mostly on the surface, with two short rock tunnels near Økern and Ammerud stations. The upgrading of Østensjøbanen took until October 1967 and included a 2.1 km extension of the line from Bøler to Skullerud (approx. 500 m in rock tunnel).*
*The fourth of the eastern tunnelbane lines, **Furusetbanen**, opened some years later. Being mostly underground it opened in various stages between 1970 (Haugerud) and 1981.*
After another station had been added to the western Røabanen at Østerås in 1972, Grorudbanen was completed up to its current terminus at Vestli in 1975.
*With most of the eastern T-bane lines finished by the mid-1970's, the project to take the trunk route further into the city centre and eventually link it to the western lines at Nationaltheatret was revived. In 1977, the eastern lines began running through to Sentrum station (now **Stortinget**), but due to poor construction of the tunnel, water penetrated into the station and the station had to be closed again in 1983. It was rebuilt together with the new tunnel from Nationaltheatret, and both eastern and western lines finally met at Stortinget station in 1987. Through traffic was not possible though, because of two different power supply systems. Eastern-line trains would arrive at platform 4, which is connected via a short tunnel to platform 3, where passengers could continue their journey on one of the western lines. The eastern-line trains would then loop under the western-line tracks and come up again on the eastbound platform 1. This loop is still used today for reinforcement trains.*

*From 1993, through service (Norw. **pendeldrift**) was finally possible on the first route from Bergkrystallen to Sognsvann. To make this possible, Sognsvannsbanen had to be upgraded to metro standard, i. e. all level crossings had to be*

Lambertseterbanen

❶ Die Station **Ensjø** liegt im Freien, der Eingang zum Innenstadttunnel ist im Hintergrund sichtbar, der Tunnel Richtung Helsfyr beginnt gleich am östlichen Ende des Bahnsteigs.

❷ Detail des unterirdischen Bahnhofs **Helsfyr**.

❸ Der Bahnhof **Ryen** liegt nördlich der T-bane-Hauptwerkstatt.

❹ Einfache aus Holz gebaute Wartehäuschen bieten bei Regen Schutz, wie hier in **Brattlikollen**.

❺ Die Endstation **Bergkrystallen** liegt idyllisch in einem Wohngebiet.

❶ ***Ensjø** station lies in the open; the entrance to the cross-city tunnel is visible in the background, the tunnel towards Helsfyr starts just east of the station.*

❷ *Detail of **Helsfyr** underground station.*

❸ ***Ryen** station is located north of the T-bane's main workshops.*

❹ *Shelter on rainy days is provided by simple wooden sheds, like this one at **Brattlikollen**.*

❺ *The terminus **Bergkrystallen** lies idyllically in a residential area.*

Østensjøbanen

➊ In **Brynseng** zweigt die Lambertseterbahn von der Østensjøbahn und der Furusetbahn ab.

➋ An den meisten oberirdischen Stationen führt eine Treppe und eine Rampe zu den Seitenbahnsteigen, wie hier an der Station **Oppsal**.

➌ Am Bahnhof **Bøler** gibt es wie auf vielen anderen Stationen über den Gleisen einen Narvesenkiosk, wo man Fahrscheine, Getränke, Zeitschriften, usw. kaufen kann.

➍ An der Endstation **Mortensrud** kann man direkt am Bahnsteig in Busse umsteigen, die den Südosten der Stadt erschließen.

➊ *At **Brynseng**, Lambertseterbanen branches off Østensjøbanen and Furusetbanen.*

➋ *At most surface stations, stairs and ramps lead down to the side platforms, like here at **Oppsal**.*

➌ *Many stations, have a Narvesen shop above the tracks, where tickets, drinks, magazines, etc. are sold, such as here at **Bøler**.*

➍ *The terminus **Mortensrud** offers interchange with buses to the southeastern suburbs on the same platform.*

Die vierte Ostlinie, die **Furusetbahn**, wurde erst einige Jahre später eröffnet. Die größtenteils unterirdische Strecke wurde in mehreren Abschnitten zwischen 1970 (Haugerud) und 1981 in Betrieb genommen.
Während die Grorudbahn bis 1975 bis zu ihrem heutigen Endpunkt Vestli verlängert wurde, entstand 1972 auch im Westen an der Røabahn die neue Endstation Østerås.
Nachdem Mitte der Siebziger Jahre der Großteil der östlichen T-bane-Linien fertig gestellt worden war, kamen die Planungen für eine Verlängerung weiter ins Stadtzentrum mit einer Verbindung zu den Westlinien wieder zum Vorschein. Ab 1977 fuhren die Ostlinien weiter bis zum Bahnhof Sentrum (heute **Stortinget**), wegen erheblicher Baumängel drang jedoch Wasser in den Bahnhof, so dass dieser 1983 wieder geschlossen werden musste. Er wurde daraufhin umgebaut und zusammen mit dem neuen Tunnel zum Nationaltheater 1987 wiedereröffnet. Von diesem Zeitpunkt an trafen die Ost- und die Westlinien in der Stadtmitte aufeinander, ein durchgehender Betrieb war allerdings aufgrund der unterschiedlichen Stromzufuhr noch nicht möglich. Die Züge aus dem Osten kamen auf Gleis 4 an, die Fahrgäste gelangten dann durch einen kurzen Fußgängertunnel zum Bahnsteig 3 und konnten Richtung Westen weiterfahren. Die Ostlinien fuhren dann in einer Schleife unter den Gleisen der Westlinien durch und erreichten so den Bahnsteig 1 zur Abfahrt Richtung Osten. Diese Schleife wird auch heute noch für Verstärkerzüge verwendet.

Ab 1993 war der durchgehende Verkehr (Norw. ***pendeldrift***) auf der ersten Strecke zwischen Bergkrystallen und Sognsvann möglich. Dazu musste die Sognsvannsbahn auf Metrostandard gebracht werden, was bedeutete, dass alle Bahnübergänge beseitigt und die Bahnsteige für 4-Wagenzüge (später für 6-Wagenzüge) verlängert werden mussten. Gleichzeitig wurde die Oberleitung durch eine seitliche Stromschiene ersetzt. Im Zuge des Umbaus auf Metrobetrieb entfielen entlang der Sognsvannsbahn die Haltestellen Frøen und Nordberg.
Zwei Jahre später wurde auch die Umstellung der Røabahn abgeschlossen, so dass der durchgehende Betrieb zwischen Østerås und Ellingsrudåsen aufgenommen werden konnte. Die Zahl der Stationen auf der Røabahn wurde von 15 auf 10 reduziert, indem die Haltestellen in Volvat, Heggeli, Sørbyhaugen, Huseby skolen und Grini aufgelassen wurden. Für die beiden anderen Westlinien, die Holmenkollbahn und die Kolsåsbahn, wurden die Züge mit einem zusätzlichen Stromabnehmer ausgerüstet, so dass sie auch auf den Strecken mit Stromschiene verkehren konnten. Die Züge der Holmenkollbahn schalten an der Haltestelle Frøen von Oberleitung auf Stromschiene um, die der Kolsåsbahn nördlich des Bahnhofs Montebello. In den nächsten Jahren könnte auch die Kolsåsbahn auf Metrobetrieb umgestellt werden, während die Zukunft der Holmenkollbahn eher in einer an das städtische Straßenbahnnetz angeschlossenen Stadtbahn liegt. Eine Entscheidung darüber ist im Jahr 2004 allerdings noch nicht gefallen.

Nachdem der durchgehende Betrieb Mitte der Neunziger Jahre endlich geschafft war, wurde die Østensjøbahn 1998 nach Süden von Skullerud bis Mortensrud verlängert. Die 2,5 km lange Strecke verläuft größtenteils in einem Felstunnel. 1999 ersetzte die neue Station Forskningsparken die frühere etwa 400 m weiter nördlich liegende Station Vestgrensa. Die neue Station bietet eine gute Umsteigemöglichkeit zur neuen Straßenbahnstrecke zum Rikshospital.
Nachdem die Verhandlungen zwischen der Stadt Oslo und dem benachbarten Landkreis Akershus über die Finanzierung des Betriebs auf der Kolsåsbahn gescheitert waren, stellte AS Oslo Sporveier den Betrieb westlich von Bekkestua am 1. Juli 2003 ein. Es besteht allerdings die Hoffnung, dass die Strecke wieder in Betrieb genommen wird, sobald eine Einigung erzielt werden kann.

Die Idee für eine Ringbahn (**T-baneringen**) entstand schon vor einigen Jahrzehnten. 1997, nachdem die Ost- und Westlinien endlich verbunden worden waren, konnte auch dieses Projekt in Angriff genommen werden. Die 5 km lange Strecke fädelt nördlich der Station Ullevål stadion von der Sognsvannsbahn aus und verläuft bis zur derzeitigen Endstation Storo in einem Felstunnel. Von dort geht die Strecke parallel zur Gjøvikbahn und zur Ringautobahn weiter bis zur nächsten Station Sinsen. Am südlichen Ende des Bahnhofs taucht sie dann wieder in den Untergrund und erreicht kurz vor dem Bahnhof Carl Berners plass die Grorudbahn. Die Ringstrecke erschließt Gebiete, in denen neue Wohngebiete und Bürogebäude entstehen. Nach dem Baubeginn im Sommer 2000 konnte der erste Abschnitt von Ullevål stadion bis Storo im August 2003 in Betrieb genommen werden, der restliche Teil (1,7 km) soll 2006 den Ring schließen. Die vollendete Ringbahn wird 14 km lang sein und 14 Bahnhöfe (mit dem geplanten Bahnhof Homansbyen) haben. Eine eventuelle spätere Verbindung von der Grorudbahn zum nördlichen Ring (Hasle–Sinsen) wurde bereits berücksichtigt.

Zukunft

Nach der Fertigstellung der Ringbahn 2006 könnte die lang geplante Station Homansbyen endlich gebaut werden, um den Bereich zwischen Nationaltheatret und Majorstuen besser zu erschließen. Mit dem neuen Markennamen ‚metrOslo' führt Oslo Sporveier derzeit ein Renovierungsprogramm sämtlicher Stationen durch. Es soll 2008 abgeschlossen sein. Bis dahin sollen auch 99 neue Metrofahrzeuge im Einsatz sein.

T-bane Fahrzeuge

Im Januar 2004 bestand der Fahrzeugpark der T-bane aus 207 Wagen, die zwischen 1964 und 1993 gebaut wurden. 135 Wagen haben ein Alter von mehr als 30 Jahren. Ab 2006 werden neue, von Siemens in Wien gebaute Fahrzeuge

eliminated, platforms had to be adapted for 4-car trains (and later for 6-cars) and the overhead wire had to be replaced by a third rail. In the course of the reconstruction of Sognsvannsbanen, two stops, Frøen and Nordberg, were removed. Two years later upgrading of Røabanen was also finished and through service from Østerås to Ellingsrudåsen began. The number of stations on Røabanen was reduced from 15 to 10, as the stops at Volvat, Heggeli, Sørbyhaugen, Huseby skolen and Grini were closed.
For the remaining two western lines, Holmenkollbanen and Kolsåsbanen, trains were equipped with an additional pickup shoe to be used along sections with third rail power supply. Trains on Holmenkollbanen now switch between overhead and third rail power supply at Frøen station, while on Kolsåsbanen the change takes place at Montebello. Eventually Kolsåsbanen might be upgraded to metro operation, whereas Holmenkollbanen may have a future as a light rail line linked to the city's tram network.

After through traffic was finally achieved in the mid-1990's, Østensjøbanen was extended southwards from Skullerud to Mortensrud in 1998. The 2.5 km section runs mainly through rock tunnels. In 1999, the new Forskningsparken station replaced Vestgrensa station, which was located some 400 m further north. The new station provides a convenient interchange with the new tram extension to Rikshospitalet.
After negotiations between the city of Oslo and the neighbouring county of Akershus about the financing of the operation along Kolsåsbanen failed, AS Oslo Sporveier suspended service west of Bekkestua from 1 July 2003. There are hopes though, that the line will be reopened when a new deal is reached.

*The idea for a circular line (**T-baneringen**) first appeared some decades ago. In 1997, after the eastern and western lines were eventually linked, the project was given the final go-ahead. The new 5 km stretch branches off the existing Sognsvannsbanen just north of Ullevål stadion station, from where it runs through a rock tunnel before coming back to the surface as it arrives at the current terminus Storo. From there the ring line will run parallel to the main line railway to Gjøvik and to the belt motorway up to the next station Sinsen. At the southern end of this station it will go back underground to meet Grorudbanen at Carl Berners plass. The new line runs through areas that are currently undergoing redevelopment, with many new offices and homes being built. After construction had started in the summer of 2000, the first section from Ullevål stadion to Storo opened in August 2003, the remaining part (1.7 km) to complete the circle being scheduled for 2006. When finished, T-baneringen will be 14 km long with 14 stations (including the planned Homansbyen station). Provisions are being made for a future direct link between Grorudbanen and the northern ring (Hasle–Sinsen).*

Future

After finishing T-baneringen in 2006, the long planned Homansbyen station may eventually be built to provide a better coverage of the area between Nationaltheatret and Majorstuen. Under the new brand name 'metrOslo', Oslo Sporveier is currently upgrading the system to improve the overall look of the stations. The target is set for 2008 and includes the delivery of 99 new metro carriages.

T-bane Rolling Stock

As of January 2004, the T-bane rolling stock consists of 207 cars delivered between 1964 and 1993, 135 cars being more than 30 years old. From 2006, the number of cars will be increased with a new type ordered from Siemens. The 99 new cars will be built in Vienna and are based on Vienna's new metro car. Each train set will be formed of 3 permanently coupled cars interconnected by means of gangways. The trains are 100 % motorised, which means that all axles are driven. The car bodies are made of aluminium and have three doors on each side.

Currently the T-bane network is operated with three different types of cars, all of which were built in Norway at Strømmen near Oslo, with electrical equipment delivered by AEG/NEBB:

*1) **1000/1100-series** (T1–T4):*
The first batch of these cars was delivered between 1964 and 1966 (T1) for the opening of the first tunnelbane routes to Bergkrystallen and Grorud. The rest followed in 1967 (T2), 1969–72 (T3) and 1976–78 (T4). This so-called "east stock" was only equipped with a third rail pickup shoe (750 V dc), so until 1993 they could only serve the eastern lines. At present they operate on all metro through services on lines 2, 3 and 5. During peak hours, 6-car trains can be seen on Lines 2 and 5, whereas on Line 3 mostly 4-car trains are in service.
These carriages are 17 m long, 3.2 m wide and 3.65 m high. They are built for a maximum speed of 70 km/h. The extreme width [Berlin U-Bahn trains are only 2.3 m (small profile) and 2.65 m (large profile)] allows for long transverse seats, which provide enough space for 3 persons.

Grorudbanen

❶ **Grorud** – ein typischer oberirdischer Bahnhof der 60er Jahre. Die meisten Bahnsteige sind auch über Rampen erreichbar.

❷ Der unterirdische Bahnhof **Stovner** liegt direkt am Tunnelmund.

❸ **Romsås** gehört zu den wenigen sehr tiefen Stationen, an den Seiten ist der nackte Fels sichtbar.

❹❺ Auch die Endstation **Vestli** liegt in einem tiefen Tunnel, die Wände sind mit Waschbetonplatten verkleidet.

❶ ***Grorud*** *– a typical 1960's surface station. Most platforms are accessible via ramps.*

❷ *The underground station* ***Stovner*** *lies just inside the tunnel.*

❸ ***Romsås*** *is one of the deepest stations, bare rock being visible on the walls.*

❹❺ *The terminus at* ***Vestli*** *also lies in a deep rock chamber, the walls being covered with concrete slabs.*

Furusetbanen

Die meisten unterirdischen Bahnhöfe außerhalb des Zentrums findet man auf dieser Linie:

❶ **Tveita** – der obere Teil der Wände ist mit Holz verkleidet.

❷ **Trosterud** – eine Rampe ist innerhalb der Stationshalle, die zweite befindet sich außerhalb.

❸ **Ellingsrudåsen** – die einzige tiefe Felsenstation auf dieser Strecke.

❹ **Lindeberg** – anstatt einer Rampe wurden hier Aufzüge eingebaut.

❺ **Furuset** – unter einem Einkaufszentrum.

Most underground stations outside the city centre are found on this line:

❶ ***Tveita*** *– the upper part of the walls is covered with wood.*

❷ ***Trosterud*** *– one ramp is located inside the station, the other one lies outside.*

❸ ***Ellingsrudåsen*** *– the only deep rock chamber station on this route.*

❹ ***Lindeberg*** *– a lift was built here instead of the typical ramps.*

❺ ***Furuset*** *– a station linked to a shopping mall.*

den Bestand ergänzen. Die 99 Wagen basieren auf dem neuen Wiener U-Bahnzug. Jede Einheit besteht aus 3 durchgehenden Wagen. Die Züge sind 100 % motorisiert, d. h. alle Achsen werden angetrieben. Die Wagenkästen sind aus Aluminium und haben drei Türen auf jeder Seite.

Derzeit verkehren auf dem T-bane-Netz drei verschiedene Zugtypen, die alle in Norwegen in Strømmen bei Oslo hergestellt wurden. Die elektrische Ausrüstung kam von AEG/NEBB:

1) **Baureihe 1000/1100** (T1–T4):
Die ersten dieser Wagen stammen von 1964–1966 (T1) und wurden zur Eröffnung der ersten T-bane-Strecken nach Bergkrystallen und Grorud geliefert. Der Rest folgte 1967 (T2), 1969–72 (T3) und 1976–78 (T4). Die sogenannten ‚Ostwagen' haben nur einen Stromabnehmer für Stromschiene (750 V Gleichstrom), so dass sie bis 1993 nur auf den Ostlinien fahren konnten. Gegenwärtig verkehren sie auf allen durchgehenden Linien (2, 3, 5). Während der Hauptverkehrszeiten kann man auf den Linien 2 und 5 6-Wagenzüge sehen, auf der Linie 3 hingegen gibt es meist nur 4-Wagenzüge. Diese Wagen sind 17 m lang, 3,2 m breit und 3,65 m hoch. Sie erreichen eine Höchstgeschwindigkeit von 70 km/h. Die extreme Breite [Berliner U-Bahnwagen sind nur 2,3 m (Kleinprofil) bzw. 2,65 m (Großprofil) breit] ermöglicht die Anordnung von Querbänken, auf denen 3 Personen bequem Platz finden.

2) **Baureihe 1300** (T5–T8):
Die ersten Fahrzeuge dieses Typs wurden 1978/79 (T5) geliefert und sollten einige bis zu 60 Jahre alte Fahrzeuge ersetzen. Zu jener Zeit hatten alle Westlinien Oberleitung mit einer Spannung von 600 V Gleichstrom. Weitere Wagen dieses Typs wurden 1980/81 (T6) gebaut. In der zweiten Hälfte der Achtziger Jahre wurden 16 Wagen der Baureihe T4 von den Ostlinien zu den Westlinien überführt und 1985–1987 (T7) bzw. 1989 (T8) mit einem Dachstromabnehmer ausgerüstet.

In den frühen Neunziger Jahren wurde die Baureihe 1300 umgebaut, so dass sie nun den Strom sowohl aus der Oberleitung als auch aus der seitlichen Stromschiene entnehmen kann. Die Spannung wurde auf 750 V Gleichstrom umgestellt. Bis heute erfolgt die Stromversorgung auf der Holmenkollbahn von Frøen bis Frognerseteren und auf der Kolsåsbahn von Montebello bis Bekkestua (bzw. Kolsås) über Oberleitung.
Technisch besteht zwischen den Baureihen 1000/1100 und 1300 kein großer Unterschied. Letztere haben in den Wagen der Serie T5–T7 einen breiteren Führerstand, der es den Fahrgästen nicht mehr ermöglicht, durch die Frontscheibe zu schauen. Außerdem entfällt der Notausstieg auf der Stirnseite des Zuges.

3) **Baureihe T2000**:

Der T2000-Wagen war eine völlig neue Fahrzeuggeneration und ersetzte ältere Wagen der Baureihe 600, die immer noch auf dem Westnetz unterwegs waren. Die 1994 gelieferten 12 Wagen wiesen jedoch wiederholt technische Probleme auf. Sie verkehren derzeit nur als 2-Wagenzüge (feste 2-Wageneinheit) auf der Holmenkollbahn und haben einen Stromabnehmer sowohl für Stromschiene als auch für Oberleitung.

Die Wagen der Baureihe T2000 sind 18 m lang, 3,3 m breit und 3,65 m hoch. Sie erreichen eine Höchstgeschwindigkeit von 100 km/h. Sie gehören somit zu den breitesten Metrofahrzeugen der Welt und haben eine etwas ungewohnte Sitzanordnung. Ähnlich wie in einem Flugzeug oder Bus schauen alle Fahrgäste in eine Richtung, wobei die Reihen entweder aus 2 + 2 oder 1 + 2 + 1 Sitzen bestehen.

Andere Schienenverkehrsmittel in und um Oslo

Trikken

Im Jahre 1960 wollte Oslo anderen europäischen Städten wie Paris, Stockholm, Westberlin, Hamburg usw. folgen und die Straßenbahn (sporvogn/trikken) einstellen. Stark frequentierte Strecken sollten durch die U-Bahn und andere durch Busse ersetzt werden. Als die Ekebergbahn auf Busbetrieb umgestellt werden sollte, kam es Anfang der Siebziger Jahren zu heftigen Protesten, so dass die Strecke gerettet werden konnte. Auch wenn einige Strecken tatsächlich stillgelegt wurden, existiert bis heute im Innenstadtbereich ein weitreichendes Netz. In den späten Neunziger Jahren wurden sogar zwei neue Strecken gebaut, die Verbindung über Aker Brygge (1995) und die Verlängerung von Ullevål hageby bis Rikshospitalet (1999).
Im November 2002 wurde jedoch der Betrieb auf dem Abschnitt von Disen bis Kjelsås im Norden eingestellt, da sich die Gleise in sehr schlechtem Zustand befanden. Derzeit hat das im Straßenraum verlaufende Tramnetz eine Länge von etwa 27 km, es wird ergänzt von zwei Vorortlinien, die auf eigenem Gleiskörper, jedoch mit Bahnübergängen verkehren, nämlich die Ekebergbahn (Linien 18 and 19: Gamlebyen – Ljabru – 6,5 km) und die Lilleakerbahn (Linie 10: Skøyen – Jar – 4,5 km). Die Linien 10, 17 und 18 werden von modernen SL95 Niederflurfahrzeugen befahren, die zwischen 1999 und 2003 geliefert wurden und Türen auf beiden Seiten haben, da die neue Endhaltestelle Rikshospitalet über keine Wendeschleife verfügt. Auf den anderen Linien verkehren Fahrzeuge der Baureihe SL79, die 1982–83 bzw. 1989–90 gebaut wurden.

*2) **1300-series** (T5–T8):*
The first batch of this type was brought into service in 1978–79 (T5) on the western lines, replacing some 60-year-old cars. At that time, the entire western network had overhead power supply, electrified at 600 V dc. More of these new cars were delivered in 1980–81 (T6). In the second half of the 1980's, 16 cars of the T4-class were transferred from the eastern lines to the western lines, being equipped with a pantograph between 1985–87 (T7) and 1989 (T8).

In the early 1990's, the class 1300-cars were rebuilt in order to collect current both from an overhead wire and a third rail. The voltage in the overhead wire was changed to 750 V dc. Today there is still overhead power supply on Holmenkollbanen from Frøen to Frognerseteren and on Kolsåsbanen from Montebello to Bekkestua (and Kolsås).
Technically there is not much difference between the 1000/1100-series and the 1300-series. The latter have a larger driver's cabin on the T5–T7 carriages, unfortunately preventing passengers from looking out of the front window. Also the emergency door on the front of the train is missing.

*3) **T2000-series**:*
The T2000 was designed as a totally new generation of metro car and replaced the older class-600 cars built in the 1950's that were still in service on the western network. Delivered in 1994, the 12 cars suffered many technical problems. They are only used as 2-car trains (permanently coupled pairs) on Holmenkollbanen, being equipped with both a pantograph and a third rail pickup shoe.

The T2000 cars are 18 m long, 3.3 m wide and 3.65 m high. They are built for a maximum speed of 100 km/h. These are probably among the widest metro cars in the world, and have a strange seating arrangement. As in an aircraft or a bus, all passengers look in the same direction sitting in a row of either 2+2 or 1+2+1 seats.

Other Rail Transport in and around Oslo

Trikken

In 1960, Oslo decided to follow other European cities (Paris, Stockholm, West Berlin, Hamburg, etc.) and abandon its tram (sporvogn) network. Busy routes would be replaced by T-bane, and the rest would be served by buses. When Ekebergbanen was threatened with conversion to bus operation in the early 1970's, a popular protest saved the line. Although various stretches were indeed abandoned, large parts of the inner-city network still exist today. In the late 1990's, two new routes were even opened, the line via Aker Brygge (1995) and the extension from Ullevål hageby to Rikshospitalet (1999). In November 2002, however, the line from Disen to Kjelsås in the north was closed because of the bad state of the track. Today the 27 km network of street running trams is complemented by two suburban lines, which have their own right-of-way with level crossings, Ekebergbanen (Lines 18 and 19: Gamlebyen – Ljabru, 6.5 km) and Lilleakerbanen (Line 10: Skøyen–Jar, 4.5 km). Lines 10, 17 and 18 are served by the modern SL95 low-floor trams, which were delivered between 1999 and 2003 and have doors on both sides, as the new terminus at Rikshospitalet was built without a turning loop. The rest of the lines are served by the SL79 series, delivered in two batches between 1982–83 and 1989–90.

NSB – Lokaltog

In former times Oslo had two railway stations, the Vestbane station near the city hall and the Østbane station at the location of today's Central Station. In order to provide a more convenient suburban service, a tunnel opened in 1980 between Skøyen and the rebuilt Central Station. The tunnel project included a new station at Nationaltheatret, adjacent to the underground terminus of the western 'forstadsbane' network. The Vestbane terminus was eventually closed in 1989. The still existing station building was later used by the Oslo Tourist Office.
After its opening, traffic along the cross-city link increased rapidly and the tunnel had reached its capacity limit within a few years. In the 1990's, a new high-speed line was also built to the new airport at Gardermoen, some 50 km north of Oslo, which added even more traffic to the central section. The Airport Express line includes a 14 km long tunnel (Romeriksporten) through the eastern parts of Oslo, which is also used by other regional or long-distance services. To cope with the higher demand in central Oslo, the Nationaltheatret station was expanded, i.e. a second 2-track station was added parallel to the first. It opened in December 1999 and now provides for two tracks in each direction.

Within the city of Oslo, the railway network used by NSB (Norges Statsbaner) for local services has a length of approximately 40 km. Towards the west, trains continue from Skøyen to Lysaker, Sandvika and Asker along Drammenbanen. This line is currently being upgraded to cope with the increased traffic. Towards the south, local services reach Ski on Østfoldbanen; the route towards the east terminates at Lillestrøm on Hovedbanen. The single-track northern route, Gjøvikbanen, is less important for local traffic, with only 15 trains a day stopping at all stations within the city boundaries. The main route is operated between Asker and Lillestrøm, with a train every 30 minutes stopping at all stations. This service is complemented by many regional trains stopping only at Asker, Sandvika, Lysaker, Skøyen,

❶❷ Nationaltheatret
Dieser Eingang führt zur T-bane (Bahnsteig Richtung Osten) und zum NSB-Bahnhof (siehe S. 31).

❸ Seit 1928 war **Nationaltheatret** Endbahnhof der Holmenkollbahn, er wurde seither mehrmals umgebaut.

❹ Stortinget
Ein großzügiges Zwischengeschoss verteilt die Fahrgäste auf die vier Bahnsteige, im Normalbetrieb sind allerdings nur die beiden mittleren in Gebrauch.

❶❷ Nationaltheatret
This entrance leads to the T-bane (eastbound platform) and to the NSB station (see p. 31).

❸ From 1928, ***Nationaltheatret*** *was the terminus of Holmenkollbanen, since then it has been rebuilt several times.*

❹ Stortinget
A large mezzanine distributes passengers to four platforms; during normal service, however, only the central two are used.

❶ **Stortinget** – in der mittleren Bahnsteighalle hielten anfangs nur die Züge der Westlinien, ab 1993 konnte der durchgehende Verkehr von Ost nach West aufgenommen werden.

❷ **Stortinget** – der nördliche Bahnsteig dient der Ankunft der Verstärkerzüge aus dem Osten. Sie fahren weiter in einer Schleife unter den mittleren Gleisen zum südlichen Bahnsteig.

❸ Der U-Bahnhof **Jernbanetorget** wurde erst kürzlich renoviert, dabei wurden Glasplatten vor die dunklen Wandfliesen gehängt, so dass ein hellerer Gesamteindruck entstand.

❶ ***Stortinget*** *– the middle station hall was initially only used by westbound trains; from 1993, through service has been possible from east to west.*

❷ ***Stortinget*** *– the northern platform is used by reinforcement trains arriving from the eastern side of the city. They continue to the southern platform in a loop under the central tracks.*

❸ *The underground station at* ***Jernbanetorget*** *has only recently been restored. Glass panels were fixed on the dark tiles to create a lighter atmosphere.*

NSB Lokaltog

Früher gab es in Oslo zwei Kopfbahnhöfe, den Westbahnhof in der Nähe des Rathauses und den Ostbahnhof dort, wo sich heute der Hauptbahnhof befindet. Um einen besseren Vorortverkehr anbieten zu können, wurde 1980 ein Tunnel zwischen Skøyen und dem Hauptbahnhof in Betrieb genommen. Dabei entstand auch die unterirdische Station Nationaltheatret, die neben dem damaligen Endbahnhof der westlichen Vorortbahnen liegt. Der Westbahnhof wurde schließlich 1989 geschlossen, das heute noch existierende Stationsgebäude wurde später als Tourist Office genutzt.
Seit seiner Eröffnung nahm der Verkehr im Innenstadttunnel immer mehr zu, so dass in wenigen Jahren die Kapazitätsgrenze erreicht wurde. In den Neunziger Jahren wurde außerdem eine Hochgeschwindigkeitsstrecke zum neuen Flughafen in Gardermoen, ca. 50 km nördlich von Oslo, gebaut, wodurch der Verkehr auf dem zentralen Abschnitt noch stärker anstieg. Für die Flughafenlinie wurde im Osten der Stadt außerdem ein 14 km langer Tunnel (Romeriksporten) gebaut, der auch von Regional- und Fernzügen benutzt wird. Um die Kapazität im Stadtzentrum zu steigern, wurde der Bahnhof Nationaltheatret erweitert, indem eine zweite zweigleisige Bahnsteighalle angefügt wurde, so dass jetzt jeweils zwei Gleise pro Richtung zur Verfügung stehen. Sie wurde im Dezember 1999 eröffnet.
Innerhalb des Stadtgebiets von Oslo hat das Nahverkehrsnetz der NSB (Norges Statsbaner) eine Länge von etwa 40 km. Im Westen fahren die Züge entlang der Drammenbahn von Skøyen weiter nach Lysaker, Sandvika und Asker. Diese Strecke wird derzeit ausgebaut, um den gestiegenen Verkehr bewältigen zu können. Im Süden erreichen die Nahverkehrszüge Ski an der Østfoldbahn, die Strecke nach Osten endet in Lillestrøm an der Hauptbahn. Die eingleisige Strecke nach Norden, die Gjøvikbahn, ist für den Nahverkehr von geringerer Bedeutung, hier verkehren täglich nur 15 Züge, die an den innerstädtischen Bahnhöfen halten. Die Hauptstrecke des Nahverkehrs bildet die Linie Asker–Lillestrøm, auf der Züge im 30-Minuten-Takt an allen Bahnhöfen halten. Dieser Grundtakt wird durch viele Regionalzüge ergänzt, die nur an den Bahnhöfen Asker, Sandvika, Lysaker, Skøyen, Nationaltheatret, Oslo S und Lillestrøm halten, diese Züge verkehren zwischen den letzten beiden Stationen durch den Tunnel Romeriksporten. Von Skøyen nach Ski verkehren die Züge auch im 30-Minuten-Takt. Eine Umsteigemöglichkeit zwischen NSB und T-bane besteht am Bahnhof Oslo S und Nationaltheatret. In Skøyen (Linie 10 und 13), Bryn (T Brynseng) und Grefsen (T Storo) liegen die jeweiligen Bahnhöfen 300–400 m voneinander entfernt. Oslo Sporveier und SL (Stor-Oslo Lokaltrafikk) Tickets gelten auch in Nahverkehrszügen.

Der **Airport Express** verkehrt alle 10 Minuten zwischen Oslo S und dem Osloer Flughafen in Gardermoen. Jeder zweite Zug hält auch in Lillestrøm und fährt weiter bis Sandvika durch den Innenstadttunnel. Für diesen Zug gilt ein besonderer Fahrpreis.

NSB Lokaltog – Skøyen

Nationaltheatret, Oslo S and Lillestrøm, which between the latter two stations run through Romeriksporten. The southern route from Skøyen to Ski also provides a basic 30-minute headway. Interchange between NSB services and the T-bane is only possible at Oslo S and Nationaltheatret. At Skøyen (Line 10 and 13), Bryn (T Brynseng) and Grefsen (T Storo), stations are some 300–400 m apart. Oslo Sporveier and SL (Stor-Oslo Lokaltrafikk) tickets are valid on local trains.

The ***Airport Express*** *runs every 10 minutes between Oslo S and Oslo Airport at Gardermoen. Every other train also stops at Lillestrøm and continues west to Sandvika via the cross-city tunnel. Special fares apply for the airport service.*

Oslo T-bane Eröffnungsdaten *Opening Dates*

31-05-1898: Holmenkollbanen *Majorstuen – Besserud*
17-11-1912: Holmenkollbanen *Majorstuen – Smestad* (Smestadsbanen)
16-05-1916: Holmenkollbanen *Besserud – Frognerseteren* (Tryvannsbanen)
18-12-1923: Tram *Brynseng – Helsfyr (– Etterstad)*
03-11-1924: Lilleakerbanen *– Avløs*
10-01-1926: Østensjøbanen *Brynseng – Oppsal (Godlia – Oppsal* single track/eingl.)
28-06-1928: Holmenkollbanen *Majorstuen – Nationaltheatret*
01-01-1930: Bærumsbanen *Avløs – Kolsås*
10-10-1934: Sognsvannsbanen *Frøen – Sognsvann*
24-01-1935: Røabanen *Smestad – Røa*
15-06-1942: Kolsåsbanen *Sørbyhaugen (Smestad) – Jar*
22-12-1948: Røabanen *Røa – Grini*
03-12-1951: Røabanen *Grini – Lijordet*
28-04-1957: Lambertseterbanen *Brynseng – Bergkrystallen*
20-07-1958: Østensjøbanen *Oppsal – Bøler*
22-05-1966: T-bane *Jernbanetorget – Brynseng – Bergkrystallen*
16-10-1966: Grorudbanen *Tøyen – Grorud*
29-10-1967: Østensjøbanen > T-bane
26-11-1967: Østensjøbanen *Bøler – Skullerud*
18-11-1970: Furusetbanen *Hellerud – Haugerud*
16-11-1972: Røabanen *Lijordet – Østerås*
03-03-1974: Grorudbanen *Grorud – Rommen*
18-08-1974: Grorudbanen *Rommen – Stovner*
15-12-1974: Furusetbanen *Haugerud – Trosterud*
21-12-1975: Grorudbanen *Stovner – Vestli*
09-01-1977: T-bane *Jernbanetorget – Sentrum*
19-02-1978: Furusetbanen *Trosterud – Furuset*
08-11-1981: Furusetbanen *Furuset – Ellingsrudåsen*
22-02-1983: [X] *Sentrum*
07-01-1985: [X] *Valkyrie plass*
06-03-1987: T-bane *Jernbanetorget – Stortinget – Nationaltheatret*
05-05-1992: Sognsvannsbanen [X] *Nordberg*
10-01-1993: Sognsvannsbanen > T-bane *(Sognsvann – Bergkrystallen)*; [X] *Frøen*
05-02-1995: Røabanen [X] *Huseby skole, Grini*
18-05-1995: Kolsåsbanen [X] *Heggeli, Sørbyhaugen*
19-11-1995: Røabanen > T-bane *Østerås – Ellingsrudåsen*
07-04-1997: Kolsåsbanen [X] *Volvat*
04-01-1998: Østensjøbanen *Skullerud – Mortensrud*
22-08-1999: Sognsvannsbanen *Forskningsparken*; [X] *Vestgrensa*
01-07-2003: Kolsåsbanen [X] *Bekkestua – Kolsås*
20-08-2003: T-baneringen *Ullevål Stadion – Storo*

[X] geschlossen /*closed*

❶ Der U-Bahnhof **Grønland** wurde wie die meisten unterirdischen Stationen als Luftschutzraum ausgebaut.

❷ Im Verzweigungsbahnhof **Tøyen** wurde nachträglich ein dritter Bahnsteig für die Züge aus Vestli gebaut (s. S. 33). Dieses Bild zeigt den gemeinsamen Bahnsteig Richtung Osten.

❸ Gleich hinter dem Bahnhof **Tøyen** zweigt die Strecke nach Vestli bzw. zur Ringbahn rechts ab.

❹❺ Am **Carl Berners plass** ist der stadtauswärts führende Bahnsteig nur über einen Tunnel unter den Gleisen erreichbar. Nördlich des Bahnhofs wird derzeit der Abzweig für die Ringlinie gebaut.

❶ *Like most underground stations,* ***Grønland*** *station was built to serve as an air-raid shelter.*

❷ *A third platform was later built at* ***Tøyen*** *for trains arriving from Vestli (see p. 33). This photo shows the common eastbound platform.*

❸ *Just east of* ***Tøyen*** *station, the Vestli line and the ring line branch off towards the right.*

❹❺ *At* ***Carl Berners plass****, the outbound platform can only be reached through a tunnel under the tracks. A junction for the ring line is currently being built north of this station.*

T-baneringen

❶ **Nydalen** ist der erste Bahnhof der Ringbahn. Ins Zentrum kommt man bald in beiden Richtungen gleich schnell, deshalb wählte man hier einen Mittelbahnsteig.

❷ Die Bahnsteighalle in der Station **Nydalen** wird indirekt beleuchtet, die Hauptattraktion ist aber der Rollentreppenschacht mit seinen ständig wechselnden Lichtern und esoterischen Klängen.

❸❹ **Storo** ist die derzeitige Endstation der Ringlinie, von hier wird die Linie parallel zur Gjøvikbahn, die man im Vordergrund sehen kann, weiterführen.

❶ ***Nydalen** is the first station on the ring line. You can go to the city centre in either direction in the same time, which is why an island platform was chosen here.*

❷ *Indirect illumination was chosen for **Nydalen** station, but its main attraction is the escalator shaft, which is lined with changing light effects and produces esoteric sounds.*

❸❹ ***Storo** is the current terminus of the ring line; from here the line will soon run parallel to the Gjøvik railway visible in the foreground.*

T-bane Fahrzeuge *Rolling Stock*

Baureihe 1000/1100 – kleine Fahrerkabine rechts, freie Sicht nach vorne für die Fahrgäste.

Class 1000/1100 *– small driver's cabin on the right, with view out of the left front window for the passengers.*

Baureihe 1300 – breite Fahrerkabine (hier mit Bild des Stortinget). 3,2 m breite Wagen bieten viele Sitzplätze.

Class 1300 *– wide driver's cabin (displaying an image of Stortinget). 3.2 m wide cars offer many seats.*

Baureihe T2000 – eigenartiges Sitzplatzangebot in durchgehenden 2-Wagenzügen.

Class T2000 *– uncommon seating arrangement in 2-car train with gangway.*

Schwarz-Weiß-Eindrücke *Impressions in Black & White*

❶ Gråkammen ❷ Grorud ❸ Montebello ❹ Veitvet ❺ Furuset ❻ Tøyen ❼ Grønland ❽ NSB Nationaltheatret

Das Osloer **Straßenbahnnetz** hat eine Länge von 38 km.

❶ Im Jahr 1995 wurde die Strecke am Hafen eröffnet, im Hintergrund das Osloer **Rathaus**.

❷ Endstation der **Ekebergbahn** in Ljabru. Diese Strecke verläuft auf 6,5 km als Stadtbahn auf eigenem Gleiskörper.

❸ Die Tram wurde 1999 zum Rikshospital verlängert. In **Forskningsparken** kann man zur T-bane umsteigen.

❹ Die **Lilleakerbahn** fährt auf eigenem Gleiskörper als Linie 10 Richtung Jar.

*The Oslo **tram network** has a total length of 38 km.*

❶ *In 1995, the route along the harbour opened; the **City Hall** is in the background.*

❷ *Terminus of **Ekebergbanen** at Ljabru. This route runs on separate right-of-way for 6.5 km.*

❸ *The tram was extended to Rikshospitalet in 1999. At **Forskningsparken** interchange to the T-bane is provided.*

❹ ***Lilleakerbanen** (Line 10) heading for Jar on a separate right-of-way.*

Die norwegische Staatsbahn **(NSB)** betreibt mehrere **Vorortlinien** durch den Innenstadttunnel.

❶ Erster Bahnhof **Nationaltheatret** von 1980, als die Tunnelverbindung in Betrieb genommen wurde.

❷ Zweiter Bahnhof **Nationaltheatret**, der 1999 angefügt wurde. Hier halten die Züge Richtung Osten.

❸ Am **Hauptbahnhof** (Oslo S) enden manche Gleise stumpf, die anderen laufen unter dem neuen Bahnhofsgebäude zusammen und führen durch den Innenstadttunnel.

❹ Flughafenexpress ‚Flytoget‘

Norwegian State Railways ***(NSB)*** *operate several* ***suburban rail lines*** *through the cross-city tunnel.*

❶ *The first* ***Nationaltheatret*** *station opened in 1980 when the tunnel link was finished.*

❷ *The second* ***Nationaltheatret*** *station was added in 1999, and is used for eastbound trains.*

❸ *At the* ***Central Station*** *(Oslo S) some tracks terminate, whereas the rest converge under the new station building to continue through the cross-city tunnel.*

❹ *Airport Express 'Flytoget'*

HELSINKI

Die finnische Hauptstadt Helsinki (schwedisch Helsingfors) wurde 1550 vom schwedischen König Gustav I Vasa an der Mündung des Vantaaflusses gegründet. 1643 wurde die Stadt in ihrer heutigen Lage weiter südlich auf einer Halbinsel, die nur durch wenige Inseln von der Ostsee getrennt ist, neu errichtet. 1809 wurde Finnland ein Großfürstentum innerhalb des Russischen Reichs und drei Jahre später wurde Helsinki dessen Hauptstadt. Im Jahre 1917 erlangte Finnland schließlich seine Unabhängigkeit.
Heute leben im Großraum von Helsinki, zu dem die Städte Vantaa, Espoo und Kauniainen gehören, etwa 1,2 Millionen Menschen. Die Stadt Helsinki zählt 560.000 Einwohner und ist somit vergleichbar mit Oslo, sowohl was die Bevölkerung des Stadtgebiets als auch des Großraums angeht. Mit einem schwedischsprachigen Bevölkerungsanteil von 6,3 % ist Helsinki offiziell zweisprachig, was man auch auf allen Schildern in den Metrostationen und Zügen sehen kann.
Während sich das Stadtzentrum auf die Halbinsel beschränkt, erstrecken sich die Vororte weit nach Osten und Norden, verteilt auf viele Inseln, was den öffentlichen Nahverkehr dementsprechend erschwert. Vor dem Bau der Metro kamen täglich mehr als 100.000 Menschen aus den östlichen Vororten ins Stadtzentrum, viele von ihnen mit mehr als 20.000 Bussen. Im Westen ist die Situation ähnlich, allerdings gehören diese Vororte zur Stadt Espoo.

Allgemeine Einführung

Das städtische Schienenverkehrsnetz besteht aus drei verschiedenen Arten von Bahnen, die vollständig unabhängig voneinander verkehren:

1) Tram – eine konventionelle Straßenbahn mit 1000 mm Spurweite, die nur das innere Stadtgebiet erschließt – 8 Linien, 53 km (84 km Linienlänge)
2) Metro – 21 km
3) S-Bahn (Kaupunkirata) – 3 Linien, 29 km innerhalb des Stadtgebiets von Helsinki

Sowohl in Oslo als auch in Stockholm entstand die heutige U-Bahn aus früheren Vorortbahnen oder Schnellstraßenbahnen, die mit dem konventionellen Straßenbahnnetz verbunden waren. In Helsinki wurde die Metro jedoch völlig neu angelegt, während gleichzeitig die Straßenbahn in der Innenstadt erhalten blieb.
Die Metro bildet zusammen mit der Straßenbahn, der S-Bahn und den städtischen Bussen einen einheitlichen Verkehrsverbund. Fahrscheine werden entweder für das Stadtgebiet von Helsinki (Internes Ticket) oder für den Großraum, zu dem auch Vantaa, Espoo und Kauniainen (Regionales Ticket) gehören, angeboten. In den Metrostationen sind die Fahrscheine an Automaten erhältlich. Wie auch in Deutschland üblich gibt es keine Zugangssperren, stattdessen werden die Fahrscheine sporadisch in den Zügen kontrolliert. Vor nicht allzu langer Zeit wurde der frühere Papierfahrschein durch eine aufladbare Travel Card ersetzt. Im Jahr 2004 kostet ein Einzelfahrschein für eine Fahrt innerhalb von Helsinki (eine Stunde gültig) beim Automaten 1,70 €, beim Tram- oder Busfahrer 2,00 €; eine Touristen-Tageskarte ist für 5,40 € erhältlich. Im Großraum Helsinki Ansässige bezahlen für eine 14-Tage-Karte 20,50 €, eine übertragbare 14-Tage-Karte kostet hingegen 38,80 €. Weitere Tage können für 1,20 € bzw. 1,93 € hinzugefügt werden.

Geschichte

Die ersten Pläne für eine unterirdische Metro wurden bereits in den Fünfziger Jahren veröffentlicht. Darin waren eine Ost-West-Linie und eine Ringlinie enthalten, welche die nördlichen Vororte erschließen sollte. In den darauffolgenden Jahren wurden mehrere Alternativen geprüft, außerdem wurde auch eine Stadtbahn in Erwägung gezogen. Im Jahr 1969 wurde schließlich der Bau einer ersten Metrostrecke vom Stadtparlament beschlossen. Eigentlich sollte die Strecke von Rautatientori bis Itäkeskus im Jahr 1977 den Betrieb aufnehmen, jedoch kam es wegen finanzieller Schwierigkeiten zu Verzögerungen, so dass die Eröffnung erst 1982 stattfand. Während der Bauzeit hatten einige Stationen noch andere Namen, nämlich Rautatientori – Kaivokatu/Brunnsgatan; Kaisaniemi – Kluuvi/Gloet; Herttoniemi – Hiihtäjäntie; Itäkeskus – Puotinharju/Botbyhöjden; Mellunmäki – Vesala.

Am 1. Juni 1982 begann der auf die Hauptverkehrszeiten beschränkte Betrieb zwischen Hakaniemi und Itäkeskus. Nach der offiziellen Eröffnung am 2. August 1982, konnte ab 1. September 1982 der volle Betrieb von 5:30 bis 23:00 zwischen Rautatientori (Hauptbahnhof) und Itäkeskus aufgenommen werden. Die Bahnhöfe Sörnäinen (1984) und Kaisaniemi (1995) wurden erst später fertig gestellt. Kamppi wurde am 1. März 1983 der westliche Endbahnhof und 1986 wurde die Strecke im Osten bis Kontula verlängert. An beiden Enden kam einige Jahre später eine weitere Station hinzu, nämlich Mellunmäki im Nordosten (1989) und Ruoholahti im Westen (1993). Bis 1998 wurde von Itäkeskus eine Zweiglinie mit drei Stationen Richtung Osten gebaut.

In 1550, the Finnish capital Helsinki (Helsingfors in Swedish) was founded by the Swedish King Gustav I Vasa at the mouth of the River Vantaa. In 1643, the city was moved further south to its present location on a peninsula separated from the Baltic Sea only by some small islands. In 1809, Finland became an autonomous grand duchy within the Russian Empire, and three years later, Helsinki became its capital. Eventually, in 1917, Finland gained its independence. Today, Helsinki is the centre of a metropolitan area of approximately 1.2 million inhabitants, which includes the neighbouring cities of Vantaa, Espoo and Kauniainen; Helsinki city has a population of 560,000 – it is thus comparable to Oslo in terms of both city and metropolitan population. With 6.3 % of the population speaking Swedish, the city is officially bilingual, with all signs displayed both in Finnish and in Swedish including those within the metro trains and stations.
Whereas the city centre is concentrated on a peninsula, the suburbs spread out towards the north and the east, where many residential areas were built on islands, making public transport a challenging task. Before the Metro was built, more than 100,000 people travelled to the city centre from the eastern suburbs every day, many of whom were carried by almost 2000 buses a day. The situation is similar in the west, but these suburbs are part of the city of Espoo.

General Introduction

The Helsinki urban rail network consists of three different types, which are totally independent from each other:

1) *Tram – conventional street tramway (1000 mm gauge) only serving the inner city – 8 lines, 53 km (84 km line length)*
2) *Metro – 21 km*
3) *City Rail (Kaupunkirata) – 3 lines, 29 km within Helsinki city boundaries*

In Oslo and Stockholm, the modern metro emerged from suburban railways or express trams which were connected to the tram network. In Helsinki, however, the Metro was designed from scratch, while the tram network was maintained in the inner city.
The Metro is integrated in the general tariff system, which includes trams, local railways and city buses. Tickets are available either for Helsinki City (Internal ticket) or for the metropolitan area including Vantaa, Espoo and Kauniainen (Regional ticket). At metro stations, tickets have to be bought from machines; the Metro has a German-style honour system, with no ticket barriers and random fare inspections on the trains. Recently, a new rechargeable Travel Card has been introduced which replaces the former paper tickets. As of 2004, for trips within Helsinki, a single ticket with transfer (valid for one hour) bought from a metro station ticket machine is € 1.70, while the same bought from a tram or bus driver is € 2.00; a 1-day tourist ticket is available for € 5.40; a 14-day personal ticket (for residents) is € 20.50, whereas a 14-day universal ticket available for everybody costs € 38.80. Any number of days can be added for € 1.20/1.93 respectively.

History

The first plans for an underground metro were published in the 1950's, and included the current east-west line, as well as a circular line which would link the city centre to the northern suburbs. In the following years, various alternatives were studied and a light rail option was also considered. Eventually in 1969, the construction of a first metro segment was approved by the city council. Initially the line from Rautatientori to Itäkeskus was scheduled to start revenue service in 1977, but due to financial difficulties, construction took longer and the line was not opened until 1982. During construction, some stations had different names: Rautatientori – Kaivokatu/Brunnsgatan; Kaisaniemi – Kluuvi/Gloet; Herttoniemi – Hiihtäjäntie; Itäkeskus – Puotinharju/Botbyhöjden; Mellunmäki – Vesala.

On 1 June 1982, limited rush hour service began between Hakaniemi and Itäkeskus. After the official inauguration on 2 August 1982, full service from 05:30 until 23:00 began between Rautatientori (Central Railway Station) and Itäkeskus on 1 September 1982. Sörnäinen (1984) and Kaisaniemi (1995) stations would only be completed some years later. Kamppi became the western terminus on 1 March 1983, and the line was extended to Kontula in 1986. On either side, a 1-stop extension was added in the following years, Mellunmäki (1989) and Ruoholahti (1993). During the 1990's, a branch from Itäkeskus towards the east was built, the 3-station segment opening in 1998.

Future

In 1998, metro construction ceased, although a western extension to Espoo has been planned for decades. The building of the fully underground, so-called ***Länsimetro*** *(Western Metro) from Ruoholahti to Matinkylä is now scheduled to start by 2010, with completion aimed by 2020.*

❶–❸ Die westliche Endstation **Ruoholahti** liegt 30 m unter der Straßenoberfläche in einem der Stockholmer Tunnelbana ähnlichen Felsgewölbe, von hier soll eines Tages ein Verlängerung nach Espoo gebaut werden.

❶–❸ *The western terminus Ruoholahti lies 30 m below street level in a Stockholm-like rock chamber. From here the line will be extended to Espoo in the future.*

❹ Am Bahnhof **Kamppi** wurde 2003 ein zweiter Ausgang mit Anschluss an den neuen unterirdischen Busbahnhof gebaut. Um Schäden durch abstürzendes Material zu vermeiden, wurde eine provisorische Zwischendecke eingezogen.

❹ *A second exit leading to the new underground bus terminal was built at **Kamppi** in 2003. To prevent damage caused by falling pieces, a temporary false ceiling was installed.*

❶ Vor dem **Hauptbahnhof** entstand mit dem U-Bahnbau eine großzügige unterirdische Ladenpassage.

❷ Wie alle Bahnhöfe im Stadtzentrum liegt auch die Station **Rautatientori** ziemlich tief in einem Felsgewölbe. Hier kann man zur S-Bahn und zur Fernbahn umsteigen.

❸❹ Der Bahnhof **Kaisaniemi** wurde erst 1995 fertiggestellt. Er erschließt den östlichen Teil des Stadtzentrums rund um den Senaatintori.

❶ *In front of the **Railway Station**, a large underground shopping mall was built together with the Metro.*

❷ *Like all stations in the city centre, **Rautatientori** lies quite deep in a rock chamber. Transfer is provided here to City Rail and long distance trains.*

❸❹ ***Kaisaniemi** station was only finished in 1995 and serves the eastern part of the city centre around Senaatintori.*

Zukunft

Seit 1998 ruht in Helsinki der U-Bahnbau, auch wenn eine Verlängerung nach Westen in die Stadt Espoo seit Jahrzehnten geplant war. Derzeit rechnet man damit, dass der Bau der völlig unterirdischen sogenannten **Länsimetro** (West-Metro) von Ruoholahti nach Matinkylä vor 2010 beginnt und bis 2020 fertig gestellt wird.
In den mittel- bzw. langfristigen Plänen ist eine zweite Linie von Pasila bis Kamppi, westlich der vorhandenen Bahnstrecke enthalten (sogenannte **Töölön Metro**). Es sind drei Zwischenstationen vorgesehen: Meilahti, Stadion und Töölö. Diese Linie soll später durch das Stadtzentrum (mit den Bahnhöfen Erottaja/Esplanadi und Kauppatori) zur Insel Katajanokka führen, von dort weiter über die Kruunuvuorenselkä (Kronbergbucht) zur Insel Laajasalo (nach 2030), wo neue Wohngebiete geplant sind. Erst müssen aber die vorhandenen Industrieanlagen in die neue Hafenregion Vuosaari umgesiedelt werden.

Streckenbeschreibung

Die vorhandene Metrolinie ist 21,1 km lang, wovon 6,5 km im Tunnel verlaufen. Von den 14,6 km an der Oberfläche liegen 2,5 km auf Brücken oder Viadukten. Eine Fahrt von Ruoholahti nach Mellunmäki bzw. Vuosaari dauert 22 Minuten. Die Metro verkehrt von 5:25 bis 23:25, sonntags beginnt der Betrieb eine Stunde später. Während der Hauptverkehrszeit verlassen die Metrozüge Ruoholahti alle 3–6 Minuten; die normale Tagesfrequenz liegt zwischen 5 und 10 Minuten. Die Züge fahren abwechselnd nach Mellunmäki und Vuosaari. Die Metro befördert an einem normalen Wochentag ca. 180.000 Fahrgäste, was jährlich mehr als 50 Millionen ausmacht. Von den 16 Bahnhöfen liegen neun unterirdisch (sechs davon im Stadtzentrum in großer Tiefenlage und drei direkt unter der Oberfläche auf dem östlichen Abschnitt). Die tiefen Stationen wurden als Luftschutzbunker ausgestattet und bieten insgesamt Platz für ca. 21.000 Menschen. Die Bahnsteiglänge beträgt 135 m und ist für 6-Wagen-Züge bemessen.
Der Bau der finnischen Eisenbahnen begann, als Finnland Teil des Russischen Reichs war, deshalb findet man auch hier eine Spurweite von 1524 mm. Um eine gewisse Kompatibilität zu erreichen, wurde diese Spurweite auch für die Metro gewählt. Die Stromzufuhr erfolgt über eine dritte Schiene mit 750 V Gleichstrom.

1) Der unterirdische Abschnitt im Stadtzentrum:

Die Metrolinie beginnt im westlichen Stadtteil **Ruoholahti** in der Nähe des westlichen Hafenareals. Von hier soll die Metro eines Tages Richtung Westen in die Stadt Espoo verlängert werden. Ähnlich den in Fels gebauten Stationen in Stockholm prahlt dieser 30 m tiefe Bahnhof mit einer 38 m breiten Bahnsteighalle, die blau bemalt ist.
Die nächsten drei Bahnhöfe liegen im eigentlichen Zentrum von Helsinki und sind jeweils nur 500 m voneinander entfernt. **Kamppi** soll in Zukunft das Umsteigen zwischen beiden Metrolinien ermöglichen, die zweite Linie soll unterhalb der vorhandenen kreuzen. Derzeit entstehen über dieser 30 m tiefen Metrostation ein unterirdischer Busbahnhof und ein Shopping Center.
Rautatientori [Eisenbahnplatz] liegt vor dem Hauptbahnhof von Helsinki, ganz in der Nähe der wichtigsten Einkaufsstraßen der Stadt. Hier kann man zu den drei S-Bahnlinien (Kaupunkirata) umsteigen. Nachdem für die S-Bahn weitere Bahnsteige ca. 200 m weiter nördlich gebaut wurden, sind die Umsteigewege zwischen Metro und S-Bahn jedoch sehr lang geworden. Dasselbe gilt für die Straßenbahnhaltestellen in der Mannerheimintie, die mit der 25 m tiefen U-Bahnstation durch einen langen Fußgängertunnel verbunden sind.
Der Bahnhof **Kaisaniemi** bedient den östlichen Teil des Stadtzentrums mit dem Hauptplatz Senaatintori. Auch wenn dieser Bahnhof bereits in den ursprünglichen Plänen enthalten war, so wurde er doch erst 13 Jahre nach Inbetriebnahme der Metro eröffnet. Der Zugang erfolgt über eine unterirdische Ladenpassage, von wo drei Rolltreppen und zwei Aufzüge zum Bahnsteig führen. Anstatt einer zweiten Schalterhalle wurde am nördlichen Ende nur ein Notausgang gebaut.
Die Strecke führt nun Richtung Norden unter der Kaisaniemi-Bucht und erreicht Hakaniemi, wo man ursprünglich am selben Bahnsteig in eine geplante, U-förmige Linie umsteigen sollte. Heute ist diese Linie nicht mehr geplant. Der Bahnhof Hakaniemi liegt 22 m tief und beherbergt die Betriebsleitstelle der Metro.
Nach dem Bahnhof **Sörnäinen** verläuft die Strecke Richtung Osten und erreicht die Oberfläche am Rande der Innenstadt. Außer am Bahnhof Kamppi kann man an allen Bahnhöfen im Innenstadtbereich direkt zur Straßenbahn umsteigen.

Die Metro durchquert die Innenstadt vom Südwesten nach Nordosten in zwei getrennten Tunneln, die in einer durchschnittlichen Tiefe von 25 m aus dem Fels gesprengt wurden. Ein kurzer 40 m langer Abschnitt zwischen Rautatientori und Kaisaniemi verläuft durch den sogenannten Kluuvi-Graben, ein weiches Gestein, durch das der Tunnel erst nach Vereisung des Bodens gegraben werden konnte. Während die gesprengten Tunnel mit Spritzbeton gesichert wurden, wurde dieser Abschnitt mit Eisenringen ausgekleidet. Der unterirdische Abschnitt im Stadtzentrum hat eine Länge von 4,9 km. In einigen Abschnitten wurde die Tunnelsohle mit Mineralwolle ausgelegt, um die Übertragung von Schwingungen zu verringern.

Long-term plans include a second line from Pasila to Kamppi, west of the existing railway alignment (the so-called ***Töölön Metro****). There will be stations at Meilahti, Stadion and Töölö. This line would eventually run through the city centre (with stations at Erottaja/Esplanadi and Kauppatori) to Katajanokka island, and from there across the Kruunuvuorenselkä (Kronberg Bay) to the island of Laajasalo (after 2030), where new housing estates are planned to be built once the existing industrial sites have been moved to the new harbour area in Vuosaari.*

Line Description

The existing metro line has a total length of 21.1 km, with 6.5 km in tunnel. Of 14.6 km on the surface, 2.5 km are on bridges and viaducts. A trip from Ruoholahti to Mellunmäki or Vuosaari takes 22 minutes. The Metro operates from 05:25 until 23:25, the service starting one hour later on Sundays. During rush hour, trains leave Ruoholahti every 3 – 6 minutes; normal daytime frequency is between 5 and 10 minutes, with every other train going to Vuosaari. The Metro carries some 180,000 passengers on a normal weekday, and more than 50 million a year. Out of 16 stations, 9 lie below ground level (6 deep level stations in the city centre and 3 subsurface stations in the east). The deep level underground stations were also built to serve as air raid shelters and can provide shelter for 21,000 people. Platform length is 135 m, long enough for a 6-car train.
Construction of the Finnish railway network began while Finland was part of the Russian Empire, and therefore it is of 1524 mm gauge. In order to provide a certain amount of compatibility, this gauge was also chosen for the Metro. Power supply is provided via a third rail at 750 V dc.

1) ***Underground section in the inner city:***

The metro line starts in the western neighbourhood of ***Ruoholahti*** *near the western harbour area. From here the line will be extended westwards to the city of Espoo in the medium-term future. Similar to some of Stockholm's great rock cavern stations, this 30 m deep station boasts a huge 38 m wide platform hall painted blue.*
The next three stations lie in the city centre proper, only 500 m away from each other. ***Kamppi*** *will one day be an interchange station between the two metro lines, with the second line crossing below the existing line. At present, a new underground Central Bus Terminal and a shopping mall are being built on top of this station, which at a depth of 30 m is among the deepest underground stations.*
Rautatientori *[Railway Square] lies in front of the Helsinki railway station and provides both access to the main shopping area and interchange to the three suburban railway lines (City Rail). Since the construction of new platforms for suburban traffic some 200 m further north, the walking distance between Metro and City Rail can be described as rather long. The same is true for some tramway stops located in Mannerheimintie, they are linked to the 25 m deep metro station by a long pedestrian tunnel.*
Kaisaniemi *station is located close to the eastern part of the city centre with its main square Senaatintori. Although included in the initial planning, it was not completed until 13 years after the Metro started operating. Access is via an underground shopping mall, from where three escalators and two lifts lead down to the platform. Instead of a second ticket hall at the northern end, only an emergency exit was built.*
From here the line turns north, crossing under the Kaisaniemi Bay to reach ***Hakaniemi****, where provisions were made for cross-platform interchange to a second, U-shaped line, which is not planned any longer. This station lies 22 m deep. The Metro's control centre is located within the station complex of Hakaniemi.*
After ***Sörnäinen*** *station, the Metro turns east and comes to the surface before leaving the inner city. Except for Kamppi, all stations located in the central area provide direct interchange to the tram system.*
The metro line crosses the inner city from southwest to northeast in two separate tunnels excavated in bedrock at an average depth of 25 m. A short 40 m segment between Rautatientori and Kaisaniemi, the so-called Kluuvi cleft, lies in soft ground, which had to be frozen in order to be excavated. Whereas the tunnels blasted in rock were reinforced with sprayed concrete, this segment was lined with iron plates. The underground section in the city centre has a total length of 4.9 km. In some sections, mineral wool layers have been put down to reduce the transmission of vibrations. All stations were also blasted in rock, with two separate 4 – 5 m wide platforms linked by a large hall located either in the middle or at one end of the station complex. From here long escalators lead to a vestibule on level -1. All platforms are also accessible via lifts. Hakaniemi is the only underground station in the city centre with a 10 m wide island platform. The original plans included a second station hall here to allow cross-platform interchange between two metro lines.

❶❷ Der U-Bahnhof **Hakaniemi** sollte eigentlich ein Umsteigebahnhof mit Mittelbahnsteigen werden. Hier befindet sich die Betriebsleitzentrale der Metro.

❸❹ In **Sörnäinen**, wie an den meisten Bahnhöfen im Stadtzentrum, kann man bequem zur Straßenbahn umsteigen, welche nur die innere Stadt erschließt. Die Verkleidung der Wände mit gelben Emailplatten erinnert an die neueren Stationen der Madrider Metro.

❶❷ ***Hakaniemi*** *station has an island platform and was originally planned as an interchange station. The Metro's control centre is located within the station complex.*

❸❹ *Interchange with the tram, which only serves the inner city, is provided at most stations in the city centre, such as here at* ***Sörnäinen****. The yellow enamel panels covering the inner walls are reminiscent of the newer Madrid Metro stations.*

❶ Die Metro verlässt den unterirdischen Innenstadtabschnitt östlich des Bahnhofs **Sörnäinen** und fährt auf einer langen Brücke weiter Richtung Kulosaari.

❷ Ein Zug der älteren Bauart (BR 100) befindet sich auf dem Weg Richtung Osten, ungefähr dort, wo der lang geplante Bahnhof **Kalasatama** (Fischhafen) gebaut werden soll.

❸ Den Bahnhof **Kulosaari** erreicht man vom Süden durch einen Tunnel unter der Autobahn.

❹ Der Bahnhof **Kulosaari** ist nur im westlichen Abschnitt überdacht und auch seitlich windgeschützt.

❶ A Metro train is leaving the underground section through the city centre east of ***Sörnäinen*** *station, and heading for a long bridge towards Kulosaari.*

❷ A Metro train of class-100 on its way east, near the location where the long-planned ***Kalasatama*** *(Fish Harbour) station will be built.*

❸ ***Kulosaari*** *station can be accessed from the southern side through a tunnel under the motorway.*

❹ ***Kulosaari*** *station is only covered with a roof at the western end of the platform. Glass walls provide protection from cold winds.*

Alle Bahnhöfe wurden auch aus dem Fels gesprengt und haben zwei getrennte 4–5 m breite Bahnsteige, die durch eine großzügige Halle am Ende oder in der Mitte der Anlage verbunden sind. Von hier führen lange Rolltreppen zur Schalterhalle, die sich in einfacher Tiefenlage befindet. Alle Bahnsteige sind auch mit Aufzügen erreichbar. Hakaniemi ist im Stadtzentrum die einzige Station mit einem 10 m breiten Mittelbahnsteig, der ursprünglich als einer der beiden Richtungsbahnsteige für zwei Metrolinien dienen sollte.

2) **Oberirdische Strecken:**

Vom Tunnelmund östlich des Bahnhofs Sörnäinen fährt die Metro bis Itäkeskus parallel zur Itäväylä, der Ostautobahn. Kurz vor der Kulosaari-Brücke soll in naher Zukunft eine weitere Station entstehen, um die neuen Wohngebiete und Bürogebäude anzubinden. Der geplante Name ist Kalasatama (Fischhafen).

Der Bahnhof **Kulosaari** liegt auf der gleichnamigen Insel. Es handelt sich hier um den schlichtesten Bahnhof der ganzen Strecke, bei dem nur ein Teil des Bahnsteigs überdacht ist. Von der Südseite ist der Bahnhof durch einen Fußgängertunnel unter der Autobahn erreichbar.

Der Bahnhof **Herttoniemi** liegt in einem Einschnitt, der auf einer Länge von ca. 500 m abgedeckt wurde, um darauf einen Busbahnhof zu errichten. Mehrere Buslinien von den Inseln Laajasalo und Santahamina, ein Gebiet, das in ferner Zukunft durch die zweite Metrolinie erschlossen werden soll, enden hier.

Von Herttoniemi fährt die Metro weiter Richtung Osten zum Bahnhof **Siilitie**, ein einfacher, aber auf voller Länge überdachter Bahnhof, der auf einem Damm liegt. Die Schalterhalle befindet sich am östlichen Ende des Bahnsteigs, der Eingang eine Ebene tiefer unter der Metrobrücke über die Siilitie. Die Station war zwar von 1982 an in Betrieb, sie wurde jedoch erst 1985 fertig gestellt. Zwischen Siilitie und Itäkeskus zweigen Gleise nach Norden zur Betriebswerkstatt ab. In dieser Gegend war ursprünglich ein Bahnhof Roihupelto geplant.

Mit fast 50.000 Fahrgästen täglich ist **Itäkeskus** (Ostzentrum) die zweitwichtigste Metrostation nach Rautatientori. Ähnlich wie Herttoniemi wurde auch über dieser Station ein Busbahnhof gebaut. Als Verzweigungsbahnhof bekam Itäkeskus drei Gleise, einen Seitenbahnsteig für die Züge stadtauswärts, und einen Mittelbahnsteig für die Züge stadteinwärts. Im Normalbetrieb wird nur das äußere Gleis benutzt. Neben dem Bahnhof entstand ein großes Einkaufszentrum, das in den späten Neunziger Jahren, als die Metro nach Vuosaari verlängert wurde, noch vergrößert wurde. Von 1982 bis 1986 war Itäkeskus die Endstation der Metro.

Östlich von Itäkeskus schwenkt die ältere Strecke nach Norden und verläuft an der Oberfläche Richtung **Myllypuro**. Dieser Bahnhof liegt im Einschnitt und ist zu beiden Seiten offen, allerdings ist der Bahnsteig auf ganzer Länge überdacht.

Nach einer langen Rechtskurve erreicht die Metro den Bahnhof **Kontula**, der drei Jahre Endbahnhof war. Diese Station wurde später teilweise mit einem Einkaufszentrum überbaut. Im Jahr 2003 wurde ein dritter Ausgang mit Rolltreppen und einem größeren Aufzug errichtet.

Seit 1989 ist **Mellunmäki** die nordöstliche Endstation der Metro, auch wenn eine Verlängerung in die südöstlichen Gebiete der Nachbarstadt Vantaa von Anfang an in Betracht gezogen wurde. Der Bahnhof Mellunmäki ist aufgeständert und auf allen Seiten geschlossen, um wartende Fahrgäste während des kalten Winters zu schützen. Das östliche Ende des Bahnhofs liegt unterirdisch unter einem kleinen Hügel. Der westliche Ausgang führt zu einem Busbahnhof.

1994 begann der Bau eines 4,2 km langen Astes von Itäkeskus zum stark anwachsenden Gebiet von Vuosaari. Von Itäkeskus führt die Metro weiter nach Osten in einem 900 m langen, in offener Bauweise erstellten Tunnel. Der erste Bahnhof **Puotila** ist völlig unterirdisch, allerdings gelangt auf der Nordseite durch eine Glasfront Tageslicht auf den Bahnsteig. Nach Puotila geht es unterirdisch weiter unter dem bewaldeten Juorumäki; dieser Abschnitt wurde in Fels gebaut.
Kurz nach dem Tunnelausgang überquert die Metro die Vartiokylä-Bucht auf einer Brücke und erreicht den Bahnhof **Rastila**. Diese Station liegt in einem Einschnitt, der natürliche Fels bildet dabei teilweise die Außenwände. Der Bahnsteig ist mit Glas überdacht. Der östlichste Abschnitt der Strecke verläuft im Einschnitt bis zum Endbahnhof **Vuosaari**. Diese Station gleicht mit seiner weißen Metallkonstruktion einem Glashaus.

*2) **Surface section:***

From the tunnel mouth east of Sörnäinen station up to Itäkeskus the Metro runs parallel to the Itäväylä, the eastern motorway. Just before the Kulosaari Bridge, another station will be added in the near future to serve new neighbourhoods and office blocks. The planned name for this station is Kalasatama [Fish Harbour].
***Kulosaari** station, which lies on an island of the same name, is the simplest of all stations along the line, with only a short stretch of the platform covered. From the south, the station can be accessed via a pedestrian tunnel under the eastern motorway.*
***Herttoniemi** station was built in a cutting, with approximately 500 m being covered so that a large bus terminal could be built on top of the station. Several bus feeder lines arrive here from the islands of Laajasalo and Santahamina, an area that may one day in the distant future be served directly by the second metro line.*
*From Herttoniemi, the Metro runs further east to **Siilitie**, a simple but fully covered station located on an embankment. The ticket hall is located at the eastern end of the platform and can be accessed via an entrance beneath the metro bridge across Siilitie. Although in service from the beginning, this station was not completed until 1985. Between Siilitie and Itäkeskus, tracks branch off towards the north, which lead to the metro depot. In this area, the original plans included another station, called Roihupelto.*
*With almost 50,000 passengers a day, **Itäkeskus** [Eastern Centre] is the second busiest station after Rautatientori. Like Herttoniemi, this station was built below ground level with a bus terminal on top of the station. Being a junction, this station has 3 tracks, one outbound side platform and one inbound island platform with two tracks, although during normal service only the outer track is used. Adjacent to the station, a large shopping mall was erected, which in the late 1990's, when the Metro was extended to Vuosaari, was further expanded to its current size. For the first four years, 1982–1986, Itäkeskus was the terminus station of the metro line.*

*East of Itäkeskus station, the older branch turns north and continues on the surface towards **Myllypuro**, which is located in a cutting and open on both sides, though covered along the whole platform length.*
*A long curve towards the east takes the Metro to **Kontula**, which for three years was the terminus of the line. This station was later partly covered and a small shopping mall was built on top of it too. In 2003, a third exit with escalators and a larger lift was added.*
*Since 1989, **Mellunmäki** has been the terminus of the line, although an extension from here to the southeastern areas of the neighbouring city of Vantaa has been considered from the beginning. Mellunmäki station lies on a viaduct and is fully covered on all sides to protect waiting passengers during harsh winters. The eastern end of the station is underground and lies beneath a low hill. The western exit is linked to a bus terminal.*

*In 1994, construction of a 4.2 km branch line from Itäkeskus to the rapidly growing district of Vuosaari began. From Itäkeskus, the line continues towards the east in a 900 m low-level tunnel built by cut-and-cover. The first station **Puotila** is entirely underground, although on one side a glass front allows daylight to come into the platform area. After Puotila, the Metro continues underground beneath the forested Juorumäki; this section was excavated in rock.*
*Just after leaving the tunnel mouth the Metro crosses Vartiokylä Bay on a bridge before arriving at **Rastila**. This station lies in a cutting lined with natural rock and covered with glass.*
*The easternmost section of the line runs in a cutting up to the terminus **Vuosaari**, a station characterised by a greenhouse-like white metal structure that supports the glass enclosure and roof.*

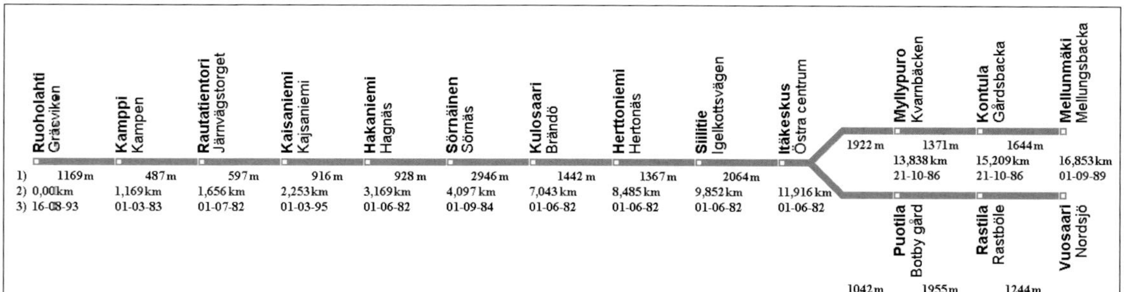

1) Distance between stations | Stationsabstand (m)
2) Distance from Ruoholahti | Entfernung von Ruoholahti (km)
3) Station opening date | Eröffnungsdatum der Station

❶ Der Bahnhof **Herttoniemi** liegt im Einschnitt und wurde überdacht. Darüber befindet sich ein Busbahnhof.

❷ Die Station **Siilitie** liegt auf einem Damm und ist rundherum geschlossen. Östlich des Bahnhofs überquert die Metro die gleichnamige Straße.

❸ **Itäkeskus** ist das Zentrum des Ostens der Stadt. Die Strecke lag anfangs ähnlich wie bei Herttoniemi nur im Bereich des Bahnhofs unterirdisch, später wurde das Tunnelstück im Zuge des Baus der Zweiglinie nach Vuosaari verlängert.

❹ Östlich von **Itäkeskus** verzweigt sich die Metro, der ältere Ast Richtung Mellunmäki kommt bald wieder an die Oberfläche.

❶ ***Herttoniemi*** *station lies in a covered cutting. On top of the station there is a bus terminal.*

❷ ***Siilitie*** *station is located on an embankment. East of the station, the road of the same name is crossed over on a viaduct.*

❸ ***Itäkeskus*** *is the eastern centre of the city. Initially the alignment of the line was only underground in the section occupied by the station, but later a longer tunnel was added when the line was extended to Vuosaari.*

❹ *East of* ***Itäkeskus*** *the Metro splits into two branches, with the older branch towards Mellunmäki emerging from the tunnel.*

❶ Der Bahnhof **Myllypuro** liegt in einem Einschnitt und ist auf beiden Seiten offen.

❷ Ein Metrozug der Baureihe 100 auf dem Weg nach Mellunmäki, zwischen **Myllypuro** und **Kontula**.

❸ Am Bahnhof **Kontula** wurde erst kürzlich ein weiterer Ausgang gebaut. Über dem östlichen Teil des Bahnhofs entstand schon früher ein Einkaufszentrum.

❹ Die Endstation **Mellunmäki** liegt teils auf einem Viadukt und teils im Tunnel.

❶ ***Myllypuro** station lies in a cutting and is open on both sides.*

❷ *Metro train of the 100-series between **Myllypuro** and **Kontula**, on its way to Mellunmäki.*

❸ *A new exit has recently been added at **Kontula** station. A shopping centre was built on top of the eastern section of this station.*

❹ *The terminus **Mellunmäki**, close to the border of Vantaa, is partly on a viaduct and partly inside a tunnel.*

Metro-Fahrzeuge

Bei der Metro von Helsinki verkehren zwei verschiedene Fahrzeugtypen. Derzeit stehen 42 Zugpaaren der Baureihe 100 und 12 der Baureihe 200 im Einsatz:
Außer den drei Zugpaaren, die 1971/72 als Prototypen gebaut wurden, wurden die Züge der Baureihe 100 zwischen 1977 und 1984 geliefert. Diese Züge, die in Finnland von Valmet Oy (mechanische Teile) und Oy Strömberg Ab (elektrische Ausrüstung) hergestellt wurden, erreichen eine Höchstgeschwindigkeit von 90 km/h und bieten Sitzplätze für 65 Fahrgäste pro Wagen. Im Jahr 2003 wurde zwischen den Verkehrsbetrieben und der Firma Talgo Oy ein Vertrag unterschrieben, der bis 2008 den Umbau von 39 Einheiten im Talgo-Werk in Otanmäki vorsieht.
Die Baureihe 200 wurde 2000/2001 von Bombardier in Bautzen produziert, die elektrische Ausrüstung wurde von Traxis geliefert. In diesen neuen Zügen kann man sich zwischen zwei zusammengekuppelten Wagen frei bewegen. Beide Wagen haben zusammen 112+12 Sitzplätze und 250 Stehplätze. Die Höchstgeschwindigkeit dieser Züge liegt bei 90 km/h.
Beide Baureihen können zu 6-Wagen-Zügen zusammengestellt werden, sind aber nicht miteinander kuppelbar. Die Stromzufuhr erfolgt über eine dritte Schiene mit 750 V Gleichstrom. Beide Wagentypen sind 44,2 m lang und 3,2 m breit.

Andere Schienenverkehrsmittel in und um Helsinki

Tram

Während sowohl die Metro als auch die S-Bahn dem Verkehr zwischen Stadtzentrum und Vororten dienen, werden Strecken innerhalb des Stadtzentrums hauptsächlich mit Bussen und Straßenbahnen zurückgelegt. Das meterspurige Straßenbahnnetz besteht aus acht Linien, die zusammen etwa ein Netz von 53 km bilden. Die Tramlinie 3T wird als Touristenlinie beworben, denn sie bedient entlang ihrer einer 8 ähnelnden Strecke viele Sehenswürdigkeiten der Stadt. Im Innenstadtbereich haben alle Metro- und S-Bahnstationen, außer Kamppi, Anschluss an die Straßenbahn.

Die ersten von Pferden gezogenen Straßenbahnen gab es in Helsinki 1891, seit 1900 fahren sie elektrisch. Alle Linien wurden 1945 von der Stadt übernommen und werden, wie die Metro, von HKL (Helsingin kaupungin liikennelaitos – Stadtverkehr Helsinki) betrieben.
Der größte Teil des Fahrzeugparks besteht aus sechsachsigen Gelenkfahrzeugen, die in zwei Gruppen geliefert wurden (1973–1975, 1983–1987), viele davon wurden seit 1993 erneuert. Von 1999 bis 2003 kamen die ersten Niederflurbahnen nach Helsinki, nämlich vom Typ Variotram von Adtranz (heute Bombardier). Ältere Straßenbahnen kann man im Tram-Museum beim Betriebshof Töölö besichtigen.

Kaupunkirata/Stadsbanan (S-Bahn)

VR Ltd (Finnische Staatsbahnen) betreibt auf drei Strecken einen dichten Vorortverkehr, den man mit einer S-Bahn vergleichen kann. Alle Linien starten am Hauptbahnhof von Helsinki:
1) Stammbahn nach Riihimäki: Helsinki – Kerava – Riihimäki (71 km)
2) Küstenbahn: Helsinki – Espoo – Karjaa (87 km)
3) Martinlaakso-Linie: Helsinki – Martinlaakso – Vantaankoski (15 km)

Die ersten beiden Strecken verlaufen entlang der Fernbahn, sie werden nach und nach mit bis zu vier Gleisen ausgebaut, um einen ‚metro-ähnlichen' Betrieb anbieten zu können. Der S-Bahnbetrieb begann im Jahr 1969, als die Strecke von Helsinki bis Kirkkonummi (38 km) entlang der Küstenbahn elektrifiziert wurde. Der Rest der Strecke bis Karjaa wurde 1993 elektrifiziert. Der Ausbau mit vier Gleisen zwischen Helsinki und Leppävaara in Espoo wurde 2001 abgeschlossen, nun ist in diesem Bereich sowohl auf der Martinlaakso-Linie als auch auf der Küstenbahn ein 10-Minuten-Takt möglich. Ein weiterer Ausbau bis ins Zentrum von Espoo ist in Vorbereitung, der Bau könnte 2007 beginnen.

Entlang der Stammbahn begann der S-Bahnbetrieb bis Kerava im Jahr 1970, zwei Jahre später verkehrten die elektrischen Züge bereits bis Riihimäki. Der erste Abschnitt von Helsinki bis Tikkurila im Zentrum von Vantaa bekam schon 1972 ein drittes Gleis, das vierte wurde 1996 verlegt. Zu diesem Zeitpunkt wurde auch das neue Stationsgebäude in Pasila eröffnet. Nachdem 2004 auch der Ausbau der Strecke von Tikkurila bis Kerava (30.000 Einw.) abgeschlossen wurde, kann zwischen Helsinki und Kerava (29 km) ein 10-Minuten-Takt angeboten werden.

Die Martinlaakso-Linie in den Westen von Vantaa wurde für die S-Bahn neu gebaut und 1975 von Huopalahti bis Martinlaakso (8 km) eröffnet. Die Linie wurde 1991 bis Vantaankoski (1 km) verlängert.

Metro Rolling Stock

The Helsinki Metro is operated with two different types of trains. The fleet consists of 42 coach pairs of the 100-series and 12 of the 200-series:
Except for 3 pairs of prototypes built in 1971/72, the 100-series was delivered between 1977 and 1984. These trains, which were built in Finland by Valmet Oy (mechanical parts) and Oy Strömberg Ab (electronic equipment), have a maximum speed of 90 km/h, with a seating capacity of 65 in each car. In 2003, the rolling stock manufacturer Talgo Oy signed a contract with Helsinki's Transport Board to refurbish 39 metro units at Talgo's Otanmäki works by 2008.
The 200-series was built in 2000/2001 by Bombardier at their plant in Bautzen, Germany, and the electrical equipment was provided by Traxis. These new trains allow free movement between two adjacent cars, which offer a seating capacity of 112+12 and 250 standing. They run at a maximum speed of 90 km/h.
Both train types can form trains made of 3 pairs (6-cars), but 100 and 200-series trains cannot be coupled together. Power supply (750 V dc) is provided via a third rail. Each pair is 44.2 m long and 3.2 m wide.

Other Rail Transport In & Around Helsinki

Tram

Whereas both the Metro and City Rail primarily provide access from the suburbs to the city centre, trips within the central area are mainly served by buses and trams. The 1000 mm gauge tram network currently consists of 8 lines totalling approximately 53 km. Tram line 3T is promoted as a sightseeing tram, serving major tourist attractions along its figure-8 round trip. The trams intersect with the Metro and City Rail at all stations within the central area, except Kamppi.
The first horse-drawn tramways had been running through the city since 1891, before the first electrified tram line came in 1900. The system was municipalized in 1945 and is operated by HKL (Helsingin kaupungin liikennelaitos – Helsinki City Transport), which is also responsible for the Metro.
The larger part of the tram fleet consists of 6-axle articulated trams, delivered in two groups (1973–1975, 1983–1987), many of which have been modernised since 1993. From 1999 to 2003, low floor trams (ADTranz/Bombardier's Variotram) were delivered. Older trams can be seen at the Tram Museum located at the Töölö tram depot.

***Kaupunkirata**/Stadsbanan (City Rail)*

VR Ltd (Finnish national railways) operates a high frequency suburban service along three routes, all departing from Helsinki's central station:
1) Main Line to Riihimäki: Helsinki – Kerava – Riihimäki (71 km)
2) Coast Line: Helsinki – Espoo – Karjaa (87 km)
3) Martinlaakso Line: Helsinki – Martinlaakso – Vantaankoski (15 km)

The first two routes follow mainline railways, which are gradually being expanded to four tracks to offer a metro-like service. The City Rail service began in 1969, when the first line was electrified from Helsinki to Kirkkonummi (38 km) along the Coast Line. The remaining stretch to Karjaa was not electrified until 1993. Track quadrupling along the 12 km route between Helsinki and Leppävaara in Espoo was finished in 2001, allowing a 10-minute headway both on the Martinlaakso Line and the Coast Line. A further 10 km stretch from Leppävaara to Espoo city centre is in the planning stage and construction may start in 2007.
Along the Main Line, City Rail service began in 1970, running as far as Kerava, and was extended to Riihimäki in 1972. The first section between Helsinki and Tikkurila in the centre of Vantaa got a third track as early as 1972, and a fourth track was added in 1996, when a new station building also opened at Pasila/Böle. In 2004, the upgrading of the northeastern line with a fourth track from Tikkurila to Kerava (pop. 30,000) was finished, and a 10-minute interval can now be operated all the way from Helsinki to Kerava (29 km).
The Martinlaakso Line to western Vantaa was built for the City Rail service and opened in 1975, operating between Huopalahti and Martinlaakso (8 km). This line was extended to Vantaankoski in 1991 (1 km).

With the exception of the Martinlaakso Line (M-service), VR operates both local and express services. On the northeastern line, trains labelled I, P, N and T stop at all stations within the metropolitan area (Helsinki and Vantaa), whereas the K, H and R-services only stop at major stations. Along the western line, A and L-trains stop everywhere, while E, U, S and Y-trains skip local stations in Helsinki, which the Y-train also does in Espoo. Basically, all stations within the metropolitan area offer a train every 10–15 minutes towards Helsinki central station.

Der Ast nach Vuosaari wurde 1998 eröffnet:

❶ Der Bahnhof **Puotila** liegt zwar unterirdisch, auf der nördlichen Seite kommt aber Tageslicht durch seitliche Fenster auf den Bahnsteig.

❷❸ Nach ca. 1,5 km kommt die Metro wieder an die Oberfläche und überquert die idyllische Vartiokylä-Bucht, bevor sie den Bahnhof **Rastila** erreicht.

❹ Der Bahnhof **Rastila** liegt in einem Einschnitt, auf der Südseite dient der nackte Fels als Wand, auf der Nordseite schützt eine Glaswand.

The Vuosaari branch opened in 1998:

❶ ***Puotila*** *station lies underground, but daylight can reach the platform through windows on the northern side.*

❷❸ *After approx. 1.5 km, the Metro leaves the tunnel and crosses the idyllic Vartiokylä Bay on a bridge before arriving at* ***Rastila****.*

❹ ***Rastila*** *station is located in a cutting, the bare rock forming the southern wall. A glass wall protects passengers on the northern side.*

❶ Ein zeitloses Empfangsgebäude im neuen Wohnviertel **Rastila**.

❷❸ Von außen ähnelt der Endbahnhof **Vuosaari** einem Glashaus. Die meisten oberirdischen Stationen sind auf allen Seiten geschlossen, um die wartenden Fahrgäste bei kaltem Wetter zu schützen.

❹ Seitenansicht eines neuen Zugs der BR200 in der dreigleisigen Station **Itäkeskus**.

❶ *A timeless entrance building in the new neighbourhood of* ***Rastila****.*

❷❸ *From the outside, the terminus at* ***Vuosaari*** *looks like a green house. Most surface stations are closed on all sides to protect waiting passengers in cold weather.*

❹ *Lateral view of a new class-200 train at* ***Itäkeskus****, a 3-track station.*

Außer auf der Martinlaakso-Linie (M-Strecke) betreibt VR auch Express-S-Bahnen. Auf der Nordostlinie (Stammbahn) halten die I-, P-, N- und T-Züge an allen Bahnhöfen innerhalb des Großraums (Helsinki und Vantaa), während die K-, H- und R-Züge nur die wichtigsten Stationen bedienen. Auf der Westlinie (Küstenbahn) halten A- und L-Züge überall, E-, U-, S- und Y-Züge durchfahren manche Bahnhöfe in Helsinki und die Y-Züge auch manche in Espoo. Im Prinzip gibt es an allen Bahnhöfen im Großraum von Helsinki alle 10–15 Minuten einen Zug Richtung Helsinki Hauptbahnhof.
Die S-Bahn wird mit vier verschiedenen Vorortzügen betrieben. Insgesamt 100 Triebwagen vom Typ Sm1 und Sm2 wurden 1968–1981 von Valmet und Strömberg geliefert, diese werden derzeit umgebaut. Während der Hauptverkehrszeit sind außerdem 57 lokbespannte Wagen im Einsatz. Alle drei Typen sind für eine Höchstgeschwindigkeit von 120 km/h gebaut.

Der neueste S-Bahnzug ist der niederflurige Sm4, von dem seit 1999 zehn Einheiten im Einsatz sind. Diese 3,2 m breiten Züge erreichen eine Höchstgeschwindigkeit von 160 km/h. Bis 2004/05 werden weitere 20 Einheiten dieser von Fiat Ferroviaria gebauten klimatisierten Züge erwartet.

Das wichtigste Projekt der S-Bahn ist die sogenannte Marja-Bahn, die eine Verlängerung der Martinlaakso-Linie nach Kivistö und dann weiter teilweise unterirdisch (7 km mit 3 Tunnelstationen) zum Flughafen Helsinki-Vantaa darstellt. Vom Flughafen führt die Strecke weiter Richtung Osten und schließt beim Bahnhof Hiekkaharju an die Stammbahn an. Die gesamte Strecke wird 18 km lang und hat 8 Bahnhöfe, die alle im Stadtgebiet von Vantaa liegen. Der erste Abschnitt, der östliche Anschluss des Flughafens, soll 2010 fertig sein. Langfristig ist im Zentrum von Helsinki eine Schleife geplant, die den Hauptbahnhof entlasten soll. Mit dem Bau ist aber nicht vor 2030 zu rechnen.

❶ Myllypuro ❷ Itäkeskus ❸ Siilitie ❹ Herttoniemi

The City Rail service is operated with four types of commuter trains. A total of 100 electric multiple units of the Sm1 and Sm2 type were delivered in 1968–1981 by Valmet and Strömberg, and these are now being modernised. During rush hour, some 57 locomotive-hauled coaches are in service. These three types can reach a maximum speed of 120 km/h.
The newest train type in commuter services (introduced in 1999) is the low-floor Sm4 train, of which 10 trains are now in operation. These 3.2 m wide trains can run at a maximum speed of 160 km/h. 20 more of these air-conditioned trains, built by Fiat Ferroviaria, are expected for 2004/2005.
The most important project for the City Rail network is the so-called Marja-Railway, which consists of an extension of the Martinlaakso Line to Kivistö, and from there a partly underground route (7 km with 3 tunnel stations) from west to east via the Helsinki-Vantaa Airport to link up with the existing northeastern line near Hiekkaharju station. The entire 18 km long new route with 8 stations will lie within the City of Vantaa. The first stage, the eastern airport access, is scheduled to be completed by 2010.
In the long run, a city loop may be built to relieve the Helsinki Central Station and distribute passengers within the central area. Construction of this loop, however, is not envisaged before 2030.

❶ Tram – Erottaja ❷ Kaupunkirata – Winter (Photo Jouko Ketola) ❸ Hauptbahnhof *Central Station* ❹ Puistola

Fahrzeuge ***Rolling Stock***

❶❷ BR 100 *series*

❸❹ BR 200 *series*

Photo 4: Bombardier Transportation

❺ Straßenbahn vor dem Hauptbahnhof und ❻ am Senaatintori

❺ *Tram in front of the Central Station and* ❻ *on Senaatintori*

Kaupunkirata

❶❷ Pasila

❸ alter und neuer Zug am **Hauptbahnhof**

❹ Der Bahnhof **Malminkartano** an der Martinlaakso-Linie liegt in einem kurzen Bergtunnel.

❺ Ein Zug der Linie M fährt von Süden kommend in den Bahnhof **Pasila** ein.

❶❷ Pasila

❸ *old and new trains at the* ***Central Station***

❹ ***Malminkartano*** *station lies in a short tunnel on the Martinlaakso Line (M).*

❺ *Line M train approaching* ***Pasila*** *from the south.*

KOPENHAGEN

Die dänische Hauptstadt Kopenhagen (dänisch København) liegt im äußersten Osten des Landes auf der Insel Seeland (Sjælland), am Öresund, der Dänemark von Schweden trennt. Die Stadt selbst hat nur eine Fläche von 88 km^2 und 501.000 Einwohner. Großkopenhagen (1,1 Mio. Einw.) umfasst die Gemeinden Kopenhagen, Frederiksberg, Albertslund, Brøndby, Gentofte, Gladsaxe, Glostrup, Herlev, Hvidovre, Lyngby-Taarbæk, Rødovre, Tårnby, Vallensbæk, Ballerup, Søllerød, Dragør, Høje-Taastrup, Ishøj, Ledøje-Smørum und Værløse.
In der gesamten Hauptstadtregion (Hovedstadsregionen, mit den Kreisen Kopenhagen, Frederiksborg und Roskilde) leben 1,8 Mio. Menschen. Diese Region bildet zusammen mit dem südschwedischen Schonen (Skåne) die Öresundregion mit einer Bevölkerung von 2,9 Mio.

Kopenhagen wurde erstmals 1043 erwähnt, als es noch ein kleines Fischerdorf war. Bald wurde daraus ein wichtiger Hafen, was sich auch im Namen der Stadt widerspiegelt, der so viel bedeutet wie ‚Kaufmannshafen'.

Allgemeine Einführung

Als Stockholm und Oslo in den Fünfziger Jahren begannen, ihre ‚Tunnelbahnen' zu bauen, verfügte Kopenhagen bereits über eine moderne und leistungsfähige Stadtschnellbahn, die bald zum Rückgrat des öffentlichen Verkehrs wurde, nämlich den sogenannten S-tog (S-Bahn). Wie in vielen anderen europäischen Städten wurde auch in Kopenhagen der Betrieb der Straßenbahn 1972 eingestellt. 30 Jahre später gehört Kopenhagen, was den städtischen Schienenverkehr betrifft, mit der neuen vollautomatischen Metro wieder zu den dynamischsten Städten Europas.

Im Jahr 2004 besteht das städtische Schnellbahnnetz im Großraum von Kopenhagen aus drei verschiedenen Typen:

1) S-tog, 2) Metro und 3) Lokal- und Regionalbahnen

Alle Schienenverkehrsmittel und Stadtbusse bilden einen einheitlichen Verkehrsverbund, der die gesamte Hauptstadtregion umfasst und in Zonen eingeteilt ist. Ein Einzelfahrschein ist für 2–7 Zonen erhältlich und kostet zwischen 17,00 und 59,90 dänische Kronen (DKK). Die 7-Tage-Netzkarte (180–470 DKK) bzw. die 30-Tage-Netzkarte (290–995 DKK) gibt es für beliebig viele Zonen. Für eine Fahrt mit der Metro reicht immer ein 2-Zonen-Ticket. Mit dem 24-Stunden-Ticket zu 100 DKK kann man alle Busse und Bahnen in allen Zonen im Großraum Kopenhagen benutzen. [April 2004: 100 DKK = 13,43 EUR]

S-tog: Linien & Geschichte

Ab Januar 2005 wird das S-Bahnnetz eine Gesamtlänge von 170 km mit 85 Bahnhöfen haben, davon kann man 110 km (70 Stationen) mit einer städtischen Metro vergleichen, die das geschlossen bebaute Gebiet von Großkopenhagen bedient. Der durchschnittliche Stationsabstand beträgt in diesem Bereich 1,6 km, ähnlich wie bei der Moskauer Metro. Die restlichen 60 km (15 Stationen) erschließen weiter entfernte Gebiete, wo die Bahnhöfe wesentlich weiter voneinander entfernt liegen. Die S-Bahn, die zur DSB (Dänische Staatsbahn) gehört, verkehrt wochentags an den meisten Stationen alle 10 Minuten. Auf allen Linien gibt es einen 20-Minuten-Grundtakt, mit leicht einprägsamen Abfahrtszeiten. Die Grundlinien (A, B, C, E, F, F+, H) werden zeitweise durch die Wochentagslinien (A+, B+, H+) bzw. die Hauptverkehrs-Expresslinien (Bx, Ex) ergänzt. Auf einzelnen Abschnitten durchfahren einige Linien gewisse Stationen, wodurch sich die Fahrzeit von den Vororten ins Stadtzentrum verringert. Auf dem gemeinsamen Abschnitt von Dybbølsbro bis Svanemøllen verkehrt tagsüber ca. alle 2 Minuten ein Zug. Die Kopenhagener S-Bahn ist völlig vom übrigen Bahnverkehr getrennt, sie ist also vergleichbar mit der Berliner oder Hamburger S-Bahn, bzw. dem Pariser RER. Auch wenn sie mit Oberleitung betrieben wird, ist die Spannung (1500 V Gleichstrom) nicht mit der auf den Fernbahnen (25 KV Wechselstrom) kompatibel.
Das S-Bahnnetz von Kopenhagen gleicht einer Hand mit fünf Fingern, die im Stadtzentrum miteinander verbunden sind. Dieser gemeinsame Abschnitt wurde anfangs Boulevardbahn genannt. Ab 2005 werden alle Linien auch durch die Ringbahn verbunden sein.

1) **Stammstrecke** (Boulevardbanen, „Røret" [das Rohr]) (Hellerup – Dybbølsbro – 8,8 km):
Diese Strecke wurde 1917 eröffnet und verband den Bahnhof **Østerport** im Norden mit dem **Hauptbahnhof** (København Hovedbanegård), welcher 6 Jahre vorher in Betrieb genommen worden war. Die Verbindungsbahn wurde 4-gleisig gebaut, so dass von Anfang an der Fern- und Regionalverkehr vom Vorortverkehr (westliches Gleispaar, 1921 fertig gestellt) getrennt werden konnte. Die Strecke verläuft in einem Trog, ein 1525 m langer Abschnitt mit dem Bahnhof **Nørreport** liegt unterirdisch. Nørreport war bis 1998, als die Bahnhöfe Tårnby und Københavns Lufthavn Kastrup eröffnet wurden, Dänemarks einzige unterirdische Station.

COPENHAGEN

The Danish capital Copenhagen (Danish København) is situated in the extreme east of the country on the island of Zealand (Sjælland), on the banks of the Øresund, the straits separating Denmark from Sweden. The city proper is only 88 km² and has 501,000 inhabitants. The metropolitan area of Greater Copenhagen (pop. 1.1 million) includes the municipalities of Copenhagen, Frederiksberg, Albertslund, Brøndby, Gentofte, Gladsaxe, Glostrup, Herlev, Hvidovre, Lyngby-Taarbæk, Rødovre, Tårnby, Vallensbæk, Ballerup, Søllerød, Dragør, Høje-Taastrup, Ishøj, Ledøje-Smørum and Værløse.
The entire capital region (Hovedstadsregionen, incl. the counties of Copenhagen, Frederiksborg and Roskilde) has a population of 1.8 million, which, together with the Southern Swedish region of Scania (Skåne), forms the 'Øresundregion' with a total population of 2.9 million.

The first records of Copenhagen date back to 1043, when Copenhagen was a small fishing village. Soon it became an important harbour, which is reflected in the city's name, which means 'Merchants' Port'.

General Introduction

By the time Stockholm and Oslo began building 'tunnelbane' systems in the 1950's, Copenhagen had long since been developing a modern and efficient rapid transit system that would become the backbone of public transport: the S-tog. As in so many other European cities, the extensive tram network was closed in Copenhagen in 1972. 30 years later, with the opening of the automatic metro, Copenhagen is among the most dynamic transit cities in Europe.

As of 2004, the urban rail network in Greater Copenhagen consists of 3 different types:

1) S-tog, 2) Metro and 3) Local and Regional Trains

S-tog, Metro, local trains and city buses are integrated into a tariff system, which covers the entire capital region and divides it into zones. Single tickets can be purchased for 2–7 zones and cost between 17.00 and 59.50 Danish Crowns (DKK). 7-Day Passes (180–470 DKK) and 30-Day Passes (290–995 DKK) are available for a selected number of zones. For trips on the Metro a 2-zone ticket is enough.
The 24-hour ticket (100 DKK) offers unlimited travel by bus and train through all zones of the Greater Copenhagen area. [April 2004: 100 DKK = 13.43 EUR]

S-tog: Lines & History

From January 2005, the total length of the S-tog network will be 170 km with 85 stations, 110 km of which can be considered an urban metro (70 stations), i. e. it runs within the built-up area of Greater Copenhagen. The average station distance of 1.6 km is comparable to that of the Moscow Metro. The remaining 60 km (15 stations) serves more distant places, with considerably longer station distances. The S-tog, which is part of DSB (Danish State Railways), offers a train every 10 minutes at most stations during weekdays. All lines operate a 20-minute headway with departure times that are easy to remember, the basic lines (A, B, C, E, F, F+, H) being supplemented by weekday-only lines (A+, B+, H+) and peak hour express lines (Bx, Ex). Along certain stretches, some lines skip certain stations to reduce the overall travel time from the suburbs into the city centre. Along the common stretch between Dybbølsbro and Svanemøllen there is a train approximately every 2 minutes during normal daytime. The Copenhagen S-tog system is totally separate from other rail services, thus making it very similar to the S-Bahn network in Berlin and Hamburg, and the RER network in Paris. Although it is operated with overhead power supply, the voltage used (1500 V dc) is not compatible with the standard 25 KV ac on mainline railways.
The Copenhagen S-tog network is like a hand with 5 fingers, which are linked in the city centre along a common stretch originally known as Boulevardbanen. From 2005, all lines will also be linked by Ringbanen.

*1) **Trunk Route** (Boulevardbanen, "Røret" [The Tube]) (Hellerup – Dybbølsbro – 8.8 km):*
*This route opened in 1917 to link **Østerport** station in the north to the new **Central Station** (København Hovedbanegård), which had been completed six years earlier. The link was built with four tracks, so that from its opening suburban trains (western pair of tracks, added in 1921) could be separated from long distance and regional services. The line runs in a cutting, with approximately 1525 m lying underground including **Nørreport** station, which was Denmark's only underground station until 1998, when Tårnby and Københavns Lufthavn Kastrup opened.*

*2) **Ringbanen** (Frederiksbergbanen, Ydre Bybane [Outer City Railway]) (Hellerup – Ny Ellebjerg – 11.5 km):*
The northern section of Ringbanen was part of the first S-bane route opened in 1934, which ran from Klampenborg to Frederiksberg (15.8 km), calling at Ordrup, Charlottenlund, Hellerup, Lyngbyvej (now Ryparken), Nørrebro, Godthaabsvej

S-tog

❶–❸ Die Bahnsteige des Kopenhagener **Hauptbahnhofs**, der 1911 eröffnet wurde, liegen im südlichen Teil im Freien. Die beiden westlichen sind für den S-Bahnverkehr reserviert.

❹ Im Jahr 1917 wurde die Verbindungsbahn zwischen dem neuen Hauptbahnhof und dem Bahnhof Østerport in Betrieb genommen, dabei entstand die Station **Vesterport** in Troglage.

❶–❸ *At Copenhagen's **Central Station**, the southern part of the platforms lies in the open. The two western pairs of tracks are reserved for the S-tog.*

❹ *In 1917, the link railway between the new Central Station and Østerport opened; this included **Vesterport** station, which is located in a cutting.*

S-tog

❶❷ Seit 2002 kann man am Bahnhof **Nørreport** zur Metro umsteigen.

❸❹ **Østerport** war bis zur Inbetriebnahme der Verbindungsbahn zum Hauptbahnhof im Jahr 1917 die Endstation der nördlichen Strecken.

❺ Altes Bahnhofsgebäude in **Charlottenlund**.

❶❷ *Since 2002,* ***Nørreport*** *has been a busy interchange station with the Metro.*

❸❹ ***Østerport*** *was the terminus for the northern railways until the link to the Central Station opened in 1917.*

❺ *Old station building at* ***Charlottenlund****.*

2) **Ringbanen** (Frederiksbergbanen, Ydre Bybane [Äußere Stadtbahn]) (Hellerup – Ny Ellebjerg – 11,5 km):
Der nördliche Abschnitt der Ringbahn war Teil der ersten S-Bahnstrecke, die 1934 in Betrieb genommen wurde und von Klampenborg nach Frederiksberg (15,8 km) verkehrte. Zwischenstationen gab es damals in Ordrup, Charlottenlund, Hellerup, Lyngbyvej (heute Ryparken), Nørrebro, Godthaabsvej (heute Grøndal), Vanløse und Frederiksberg. Im Bereich des Bahnhofs **Nørrebro** verläuft die Ringbahn auf einer etwa 600 m langen Strecke als Hochbahn. Bis zur Schließung der Frederiksbergbahn im Jahr 2000 aufgrund des Metrobaus machte die Ringbahn in Vanløse eine Spitzkehre. In den vergangenen Jahren war die Erneuerung und Verlängerung der Ringbahn das wichtigste Projekt der S-Bahn. 2001/2002 war die Strecke zwischen Ryparken und Vanløse fast ein Jahr lang gesperrt, um die Gleise und Oberleitungen zu erneuern. Um den Bau der neuen Umsteigestation **Flintholm** zu ermöglichen, wurde ca. 500 m weiter nördlich ein provisorischer Halt C. F. Richs Vej eingerichtet, von wo Ersatzbusse nach Vanløse weiterfuhren. Der Bahnhof Flintholm wurde im Januar 2004 eröffnet und ab Januar 2005 soll die Ringbahn weiter nach Süden bis zu einem provisorischen Bahnhof am Gammel Køge Landevej weiterfahren, bis die endgültige Station **Ny Ellebjerg** Ende 2006 fertig ist. Der neue Abschnitt Flintholm – Ny Ellebjerg hat 6 neue Bahnhöfe, darunter einen Umsteigebahnhof in Danshøj zur Høje-Taastrup-Linie und in Ny Ellebjerg zur Køge-Linie. Die meisten Bahnsteige der Ringbahn sind nur 90 m lang (im Gegensatz zum 160 m-Standard auf den übrigen Strecken). Derzeit wird die Strecke von der Linie F (Flintholm – Hellerup) bedient, die tagsüber von der Linie F+ (Flintholm – Klampenborg) ergänzt wird, so dass ein 10-Minuten-Takt entsteht. In Zukunft ist auf dieser Strecke ein 5-Minuten-Takt geplant.

3) **Klampenborgbanen** (Hellerup – Klampenborg – 5,5 km):
1863 begann der Bahnbetrieb von Kopenhagen bis Klampenborg, ab 1897 fuhren die Züge entlang der Küste weiter bis Helsingør (Kystbanen). Bis 2000, als die Brücke über den Öresund eröffnet wurde, war die Fähre zwischen Helsingør und Helsingborg die wichtigste Verbindung zwischen Dänemark und Schweden. Bis **Klampenborg** wurde die Strecke bereits 1924 viergleisig ausgebaut, und zehn Jahre später verkehrten von Klampenborg aus elektrische S-Bahnzüge sowohl über die Ringbahn nach Frederiksberg als auch durch den Innenstadttunnel zum Hauptbahnhof. Derzeit wird die Strecke von den Linien C und F+ bedient.

4) **Nordbanen** (Hillerødbanen, Holtebanen) (Hellerup – Hillerød – 28,7 km):
Als die Nordbahn, die 1863/64 über Hillerød nach Helsingør in Betrieb genommen worden war, 1936 bis Holte für den S-Bahnbetrieb elektrifiziert wurde, entstanden neue Bahnhöfe in **Bernstorffsvej**, **Jægersborg** und **Sorgenfri**, der Bahnhof **Virum** wurde weiter nördlich neu gebaut und bestehende Stationen wurden mit längeren und höheren Bahnsteigen ausgebaut. In Jægersborg wurde eine neue Umsteigestation zur privaten Nærumbahn geschaffen, welche früher ihren Endpunkt am Bahnhof **Lyngby** hatte. Während der folgenden 30 Jahre fuhr die S-Bahn auf der Strecke nach **Holte** im Mischbetrieb mit Diesel- und Dampfzügen, die nach Hillerød unterwegs waren. Als die Strecke schließlich bis **Hillerød** elektrifiziert wurde, betrachtete man diesen Abschnitt zunächst nicht als S-Bahn. Eigene Züge, die auch 1. Klasse-Wagen hatten, wurden eingesetzt, selbst das Logo an den Bahnhöfen enthielt nicht das bekannte ‚S'. Auf der 17,5 km langen Strecke wurden keine neuen Stationen gebaut, die Bahnsteige der drei bestehenden waren bereits in den Dreißiger Jahren verlängert und angehoben worden. Der Abschnitt Holte – Hillerød wird von den Linien A und E im 10-Minuten-Takt bedient. Diese Linien durchfahren mehrere Bahnhöfe auf dem inneren Abschnitt, der von den Linien B und B+ bedient wird. In Hillerød besteht eine Umsteigemöglichkeit zur Linie Lille Nord nach Helsingør und zu den Lokalbahnen nach Gilleleje, Tisvildeleje und Hundested in Nordseeland.

5) **Hareskovbanen** (Farumbanen) (Svanemøllen – Farum – 20,8 km):
Die Farum-Linie gehört zu den neueren S-Bahnstrecken und verläuft entlang der ehemaligen Slangerupbahn, die ab 1906 von ihrem Endbahnhof beim Bahnhof Nørrebro nach Slangerup westlich von Farum verkehrte. Der Abschnitt Farum – Slangerup wurde 1954 stillgelegt und abgebaut, der übrige Teil wurde schließlich in den Siebziger Jahren zur S-Bahn umgebaut. In den Fünfziger Jahren gab es viele Pläne für eine unterirdische Verlängerung dieser Strecke von Nørrebro ins Stadtzentrum und weiter zur Insel Amager. Später entschied man sich für eine kostengünstigere Lösung über **Ryparken** und **Svanemøllen** zur Stammstrecke. Im Laufe des Umbaus zur S-Bahn wurde der Bahnhof **Værløse** 400 m weiter östlich im Ortszentrum neu gebaut. Während der Bahnhof **Emdrup** als neuer Bahnhof hinzukam, wurden mehrere kleinere Haltestellen zwischen **Bagsværd** und **Farum** aufgegeben. Der Bahnhof Svanemøllen wurde auf der Ostseite des Strandvej neu und viergleisig gebaut.

6) **Frederikssundbanen** (Ballerupbanen) (Dybbølsbro – Frederikssund – 40,8 km):
Die erste Eisenbahn nach Frederikssund wurde 1879 in Betrieb genommen. Im Laufe der letzten 70 Jahre wurde der S-Bahnbetrieb in mehreren Abschnitten bis Frederikssund ausgedehnt. Das erste Teilstück vom Hauptbahnhof bis **Valby** (eigentlich Teil der Westbahn) stammt schon von 1934, auch wenn in Valby bis 1941 ein provisorischer Haltepunkt existierte. In diesem Jahr wurde die S-Bahn bis **Vanløse** verlängert, wo man zur Ringbahn umsteigen konnte. Ab 1949 fuhr die S-Bahn weiter bis **Ballerup**, der Abschnitt Herlev – Ballerup war aber bis 1970 teilweise eingleisig. Bis 1989 mussten die Fahrgäste mit dem Reiseziel **Frederikssund** in Ballerup umsteigen. Der 23,9 km lange Abschnitt Ballerup –

(now Grøndal), Vanløse and Frederiksberg. In the ***Nørrebro*** *area, Ringbanen runs on an elevated structure for some 600 m. Until the closure of Frederiksbergbanen in 2000 due to the construction of the Metro, Ringbane trains changed direction at Vanløse to reach Frederiksberg. In recent years, the upgrading and the extension of Ringbanen has been the most important project on the S-tog network. In 2001/2002 the entire route between Ryparken and Vanløse was closed for almost a year in order to replace the tracks and overhead wires. To allow for the construction of* ***Flintholm*** *station, a provisional platform was installed some 500 m further north at C. F. Richs Vej, from where buses continued to Vanløse station. In January 2004, the new Flintholm S-tog and Metro interchange station was brought into service, and from January 2005, Ringbane trains will run further south to another provisional station at Gammel Køge Landevej, which will be in use until the permanent station is finished at* ***Ny Ellebjerg*** *in 2006. The newly built section from Flintholm to Ny Ellebjerg includes 6 new stations, with interchange to the Høje Taastrup Line at Danshøj and to the Køge Line at Ny Ellebjerg. Most platforms on this line are only 90 m long (compared to the 160 m standard on other routes). Currently the route is served by line F (Flintholm – Hellerup) and supplemented during daytime by line F+ (Flintholm – Klampenborg), thus offering a train every 10 minutes. When finished, a 5-minute headway is planned on this route.*

3) ***Klampenborgbanen*** *(Hellerup – Klampenborg – 5.5 km):*
In 1863, a railway was brought into service from Copenhagen to Klampenborg, and in 1897 it was extended along the coast to Helsingør (Kystbanen). Until 2000, when the Øresund Bridge opened, the ferry link between Helsingør and Helsingborg was the most important link between Denmark and Sweden. This route was upgraded with 4 tracks as far as ***Klampenborg*** *as early as 1924, and ten years later, electric S-bane trains started to run from Klampenborg, both along Ringbanen to Frederiksberg and through the city tunnel to the Central Station. Today this route is served by lines C and F+.*

4) ***Nordbanen*** *(Hillerødbanen, Holtebanen) (Hellerup – Hillerød – 28.7 km):*
*When Nordbanen (opened to Helsingør via Hillerød in 1863/64) was electrified for S-bane service in 1936 as far as Holte, new stations were opened (****Bernstorffsvej, Jægersborg*** *and* ***Sorgenfri****),* ***Virum*** *was rebuilt further north and existing stations were upgraded with longer and higher platforms. At Jægersborg, a new interchange was created for the private Nærumbanen, which used to have its terminus at* ***Lyngby*** *station. For the next 30 years there was mixed traffic along the route to* ***Holte****, as the S-tog tracks were also used by diesel and steam trains running through to Hillerød. When the S-tog was eventually extended to* ***Hillerød****, this outer section was not really considered an S-bane line. Special trains were used, which also had first class cars, and the popular 'S' did not appear in the station logo. Along the 17.5 km extension no new stations were added, and the 3 existing ones had already been rebuilt with high and long platforms in the 1930's. The Holte – Hillerød section is served by lines A and E (10-minute headway), skipping some stations on the inner section, which is served by lines B and B+. At Hillerød, interchange is provided to the Lille Nord line to Helsingør, and to Lokalbanen to Gilleleje, Tisvildeleje and Hundested in Northern Zealand.*

5) ***Hareskovbanen*** *(Farumbanen) (Svanemøllen – Farum – 20.8 km):*
The Farum Line is among the younger S-tog lines and runs along the former Slangerupbanen, which opened in 1906 from its terminus near Nørrebro station to Slangerup, west of Farum. The Farum – Slangerup section was closed and dismantled in 1954, whereas the remaining stretch was eventually converted to S-bane in the 1970's. In the 1950's, there were many plans to extend this line underground from Nørrebro into the city centre and further on to Amager Island. Later, a cheaper alternative was chosen via ***Ryparken*** *and* ***Svanemøllen*** *to the trunk line. In the course of the conversion to S-bane, Værløse station was moved 400 m eastwards into the Værløse town centre.* ***Emdrup*** *was then opened as a new station, while several smaller stops between* ***Bagsværd*** *and* ***Farum*** *were abandoned. Svanemøllen station was rebuilt with four tracks on the eastern side of Strandvejen.*

6) ***Frederikssundbanen*** *(Ballerupbanen) (Dybbølsbro – Frederikssund – 40.8 km):*
The first railway to Frederikssund began operating in 1879. S-tog service along this line has been extended in various stages during the last 70 years. The first portion from the Central Station to ***Valby*** *(actually part of Vestbanen) dates back to 1934, although Valby only had a temporary station until 1941, when the line was extended to* ***Vanløse****, where transfer to the ring line was provided. In 1949, the S-tog reached* ***Ballerup****, although the Herlev – Ballerup section remained partly single-track until 1970. Until 1989, passengers bound for* ***Frederikssund*** *had to change trains at Ballerup. The 23.9 km Ballerup – Frederikssund stretch runs outside the Greater Copenhagen built-up area and can be classified as a regional S-tog (average station distance – 3.4 km). The first track was electrified in 1989, and a second track was laid along the entire route by 2002. Both the Frederikssund and the Farum routes are served by lines H and H+, the stretch to Ballerup also being served by line C.*

S-tog

❶ Der Hochbahnhof **Nørrebro** ist die wichtigste Station an der Ringbahn, hier soll eines Tages auch eine Metrostation entstehen.

❷ **Flintholm** wurde im Januar 2004 als Umsteigestation eröffnet. Unten fährt die Ringbahn und oben die Metro und die Frederikssundbahn.

❸ Der Bahnhof **Klampenborg** wurde in den letzten Jahren saniert und erstrahlt wieder in altem Glanz.

❹ An der Farum-Linie entstand im Zuge des Ausbaus zur S-Bahn in den Siebziger Jahren die Haltestelle **Emdrup**.

❶ *The elevated station **Nørrebro** is the busiest station along the Ring Line. One day in the future there will also be a Metro station here.*

❷ ***Flintholm** opened in January 2004 and provides transfer between Metro and S-Bahn, the Ring Line running on the lower level.*

❸ *In recent years, **Klampenborg** station has been restored to its original style.*

❹ *A new station called **Emdrup** was built along the Farum line when the line was upgraded to S-tog service in the 1970's.*

1

2

3

S-tog

❶ Endstation **Farum** – von 1906 bis 1954 fuhr die ursprüngliche Bahn weiter bis Slangerup.

❷ Der Halt **Hareskov** liegt auf einer Anhöhe über dem gleichnamigen Ortsteil und am Rand eines großen Waldgebiets.

❸ Der Bahnhof **Hellerup** wurde schon 1863 an der Küstenbahn errichtet.

❹ **Holte** war lange Zeit die nördlichste S-Bahnstation, heute enden hier die Linien B und B+.

❺ Renoviertes Bahnhofsgebäude in **Gentofte**.

❶ *Terminus **Farum** – from 1906 until 1954 the original line continued to Slangerup.*

❷ ***Hareskov** station lies on a hill above the area of the same name, on the edge of a large forest.*

❸ ***Hellerup** station was built on the Coast Line as early as 1863.*

❹ ***Holte** station was the northernmost S-tog station for many years, today it is the terminus of lines B and B+.*

❺ *Restored station building at **Gentofte**.*

4

5

Frederikssund verläuft außerhalb des geschlossen bebauten Gebiets von Großkopenhagen und kann als Regional-S-Bahn bezeichnet werden (durchschnittlicher Stationsabstand 3,4 km). Nachdem das erste Gleis 1989 elektrifiziert worden war, wurde bis 2002 die gesamte Strecke zweigleisig ausgebaut. Die Frederikssundbahn bildet zusammen mit der Strecke nach Farum die Linie H bzw. H+, wobei der Abschnitt bis Ballerup auch von der Linie C befahren wird.

7) **Vestbanen** (Høje Taastrup-banen) (Valby – Høje Taastrup – 15,8 km):
Die Høje-Taastrup-Linie verläuft entlang der Westbahn nach Roskilde, welche im Jahr 1847 die erste Eisenbahn Dänemarks war. Seit Beginn des S-Bahnbaus war eine Verlängerung bis Roskilde geplant, was aber erhebliche Baumaßnahmen an der bestehenden Strecke, auf der alle Regional- und Fernzüge in den Rest des Landes verkehren, mit sich bringen würde. 1953 wurde der erste, damals größtenteils eingleisige S-Bahnabschnitt bis **Glostrup** in Betrieb genommen. Zehn Jahre später wurde die Strecke zweigleisig ausgebaut und bis **Taastrup** verlängert. 1986 entstand in **Høje Taastrup** eine gemeinsame Station für die S-Bahn und die Fernbahn. Die Station **Rødovre** ist insofern erwähnenswert, da hier ein Bahnsteig ebenerdig, der andere auf einem Damm liegt. Ab Anfang 2005 kann man in **Danshøj** zur Ringbahn umsteigen. Für eine Verlängerung nach Roskilde untersuchte die DSB vor einigen Jahren eine Lösung mit Zweisystem-Fahrzeugen, wie sie auch bei der Hamburger S-Bahn auf der S3-Strecke von Neugraben nach Stade zum Einsatz kommen werden. Auf der Høje-Taastrup-Linie verkehren die Linien B und B+, die in der Hauptverkehrszeit durch die Linie Bx ergänzt werden.

8) **Køge Bugt-banen** (Dybbølsbro – Køge – 38 km):
Die Linie entlang der südlichen Küste war bereits im ‚Fingerplan' der Vierziger Jahre enthalten. Während alle anderen S-Bahnstrecken durch Elektrifizierung bestehender Strecken entstanden, wurde die Køge-Linie völlig neu angelegt. Um Bahnübergänge zu vermeiden, wurde sie größtenteils auf einem Damm errichtet. Nachdem ein erstes Teilstück 1972 bis **Vallensbæk** eröffnet worden war, erreichte die S-Bahn 1983 Køge. Zwischen **Ølby** und **Køge** verläuft die Strecke parallel zur Regionalbahn von Roskilde nach Næstved. In Køge besteht eine Umsteigemöglichkeit zur Lokalbahn nach Fakse und Rødvig. Obwohl die Bebauung entlang der südlichen Küste fast durchgehend ist, hat der südliche Abschnitt zwischen Greve und Køge (18,5 km) eher den Charakter einer Regionalbahn. Auf der Køge-Linie verkehren die Linien A, A+, E und Ex, wobei beide E-Linien mehrere Stationen auf dem inneren Abschnitt durchfahren. In wenigen Jahren wird in Ny Ellebjerg eine endgültige Umsteigestation zur Ringbahn entstehen. Mit 75,5 km ist die Linie E (Køge – Hillerød) die längste des S-Bahnnetzes.

9) **Andere S-Bahnprojekte:**
a) Die Lundtoftebahn sollte von Jægersborg nach Nærum (3 Stationen) entlang der Autobahn nach Helsingør und an der Technischen Universität vorbei gebaut werden. Die Bauarbeiten begannen in den Fünfziger Jahren, wurden aber 1964 eingestellt, da anderen Projekten der Vorrang gegeben wurde.
b) Mehrere ‚Tunnelbane'-Strecken wurden seit den Vierziger Jahren bis in die Siebziger Jahre geplant. In den meisten Projekten gab es eine Ost-West-Verbindung vom Gebiet Husum-Brønshøj über Nørrebro ins Stadtzentrum und weiter nach Südwesten bis Sundby auf der Insel Amager. Eine andere Strecke sollte von Ryparken über Østerport und Kongens Nytorv zum Hauptbahnhof gehen. Später gab es detaillierte Planungen für eine unterirdische Verlängerung der Farum-Linie ins Stadtzentrum, auch die Einbindung der Køge-Linie sollte von Sydhavn über Vesterbro unterirdisch verlaufen. In manchen Projekten war auch eine unterirdische Verlängerung der Frederiksbergbahn enthalten, die schließlich in der Form der neuen Metro einige Jahrzehnte später umgesetzt wurde. Nachdem man sich nicht über die Finanzierung einigen konnte und auf der Stammstrecke ein neues Signalsystem installiert worden war, wurden alle Tunnelbane-Pläne ad acta gelegt.

Husum

Glostrup

7) ***Vestbanen*** *(Høje Taastrup-banen) (Valby – Høje Taastrup – 15.8 km):*
The Høje Taastrup Line follows Vestbanen to Roskilde, which, opening in 1847, was Denmark's first railway line. From the beginning of the S-tog project a line was planned to Roskilde, but this would have implied heavy construction along the existing line, which is used by all regional and long-distance trains serving the rest of the country. In 1953, the first section (mostly single-track then) opened to ***Glostrup****. Ten years later, a second track was added and the line was extended to* ***Taastrup****. In 1986, the* ***Høje Taastrup*** *station opened for both S-tog and mainline services.* ***Rødovre*** *station is worth mentioning as it has one platform at ground level and the other on an embankment. A new station at* ***Danshøj*** *will provide interchange with the ring line from early 2005. Just as the Hamburg S-Bahn plans to extend its network from Neugraben to Stade by using dual-voltage trains, some years ago DSB also examined options to operate such trains on the route to Roskilde. The Høje Taastrup Line is served by lines B and B+, with extra Bx rush hour trains.*

8) ***Køge Bugt-banen*** *(Dybbølsbro – Køge – 38 km):*
The line along the southern coast had already been considered in the 1940's 'finger plan'. Whereas all the other S-tog lines were created by electrifying and rebuilding existing railway lines, this line was built for the S-tog from scratch. To avoid level crossings, it was mainly built on an embankment. With the first section to ***Vallensbæk*** *opening in 1972, the S-tog reached Køge in 1983. From* ***Ølby*** *to* ***Køge*** *the S-tog runs parallel to the regional railway from Roskilde to Næstved. At Køge, transfer is also possible to Lokalbanen to Fakse and Rødvig. Although the southern coast is almost continuously built up as far as Køge, the southernmost section from Greve to Køge (18.5 km) has a more regional character. The Køge Bugt-banen is served by lines A, A+, E and Ex, with the E lines skipping several stations along the inner section. In a few years a new station at Ny Ellebjerg will provide interchange with the ring line. At 75.5 km, the E line (Køge – Hillerød) is the longest of the network.*

9) ***Other S-tog Projects:***
a) Lundtoftebanen was planned to run from Jægersborg to Nærum (3 stations) along the Helsingør motorway and past the Technical University. Construction began in the 1950's, but was suspended in 1964 as other projects were given higher priority.
b) Several Tunnelbane routes were planned from the 1940's up until the mid-1970's. Most projects included an east-west route from the Husum-Brønshøj area via Nørrebro towards the city centre, and further southwest to Sundby on Amager Island. Another route would have been from Ryparken to the Central Station via Østerport and Kongens Nytorv. Later, more advanced plans were published to take the Farum Line towards the city centre in a tunnel, and the southern approach of the Køge Line was initially meant to run underground from Sydhavn via Vesterbro. Some projects also included an underground extension for Frederiksbergbanen, which would eventually be carried out in the form of the modern Metro many decades later. As no agreement could be reached on financing, and with a new train control system having been installed along the trunk line, all Tunnelbane plans for the S-bane were shelved.

Rødovre

Friheden

S-tog

❶ **Dybbølsbro** – neuer Stationszugang aus den Neunziger Jahren, wie in Bispebjerg.

❷ **Peter Bangs Vej** – eine klassische S-Bahn-station der Vierziger Jahre in Dammlage.

❸ **Flintholm** – moderner Umsteigebahnhof aus dem 21. Jahrhundert.

❹ **Husum** – an der Farbe leicht unterscheidbarer Bahnhof.

❺ **Frederikssund** – Umsteigen zum Bus am selben Bahnsteig.

❶ ***Dybbølsbro*** *– new station access designed in the 1990's, also found at Bispebjerg station.*

❷ ***Peter Bangs Vej*** *– classic 1940's station on an embankment.*

❸ ***Flintholm*** *– modern 21st Century interchange.*

❹ ***Husum*** *– a station that can easily be distinguished by its colour.*

❺ ***Frederikssund*** *– transfer to buses on the same platform.*

S-tog

❶ **Hvidovre** – erste Station an der Høje-Taastrup-Linie.

❷ **Rødovre** – Bahnhof auf zwei Ebenen.

❸ **Høje Taastrup** – Umsteigebahnhof zur Fernbahn.

❹ **Vallensbæk** – 1972–83 Endstation der Køge-Bucht-Bahn.

❺ **Hundige** – Endstation der Linie A.

❶ ***Hvidovre*** *– first station on the Høje Taastrup Line.*

❷ ***Rødovre*** *– station on two levels.*

❸ ***Høje Taastrup*** *– huge S-tog and mainline station.*

❹ ***Vallensbæk*** *– terminus on the Køge Bugt Line from 1972 until 1983.*

❺ ***Hundige*** *– terminus for Line A.*

Metro: Linien & Geschichte

Nach Fertigstellung der zweiten Ausbauphase der Metro im Januar 2004 hat das in Betrieb befindliche Netz eine Gesamtlänge von 15,8 km mit 17 Stationen. Weitere 4,1 km zum Flughafen (5 Stationen) befinden sich im Bau (2008). Die Metro verkehrt von 5:00 bis 1:00 auf beiden Ästen alle 5–10 Minuten, je nach Tageszeit. Auf dem gemeinsamen Abschnitt von Vanløse bis Christianshavn fährt während der Hauptverkehrszeit alle 2,5 Minuten ein Zug. An Wochenenden verkehrt die Metro nachts von 1:00 bis 5:00 alle 15 Minuten. Eine Fahrt von Vanløse nach Vestamager dauert 22 Minuten (13,7 km), von Vanløse bis Lergravsparken 16 Minuten (9,7 km).

Nachdem alle Pläne für eine unterirdische S-Bahn Mitte der Siebziger Jahre aufgegeben worden waren, musste trotzdem nach neuen Lösungen für den öffentlichen Verkehr im Stadtzentrum gesucht werden. Vor allem eine schnelle Ost-West-Verbindung mit Anschluss der dicht besiedelten Gebiete auf der Insel Amager schien unbedingt notwendig. Im Jahr 1992 verabschiedete das dänische Parlament das Ørestad-Gesetz, welches den Bau eines neuen Stadtteils auf Amager vorsah, welcher durch ein neues Verkehrsmittel erschlossen werden sollte. Mit dem Ziel, den Stadtteil und die Metro zu bauen, wurde die Ørestadsselskab gegründet, deren Teilhaber zu 55 % die Stadt Kopenhagen und zu 45 % der Staat sind. Als Transportmittel wurden auch mehrere Alternativen untersucht, z. B. eine Stadtbahn, die im Stadtzentrum im Straßenraum verkehrt, eine Stadtbahn mit unterirdischen Abschnitten oder eben eine vollautomatische Metro. Schließlich entschied man sich 1996 für die Mini-Metro und vergab den Auftrag an Comet (Copenhagen Metro Construction Group) für die Hoch- und Tiefbauarbeiten und an die italienische Firma Ansaldo für alle bahntechnischen Teile, inklusive das automatische Betriebssystem. Metro Service (Serco) ist im Auftrag von Ansaldo die ersten fünf Jahre für den Betrieb verantwortlich. Durch den automatischen Betrieb (ATC) wird ein dichter Takt mit kurzen Zügen möglich, gleichzeitig konnte bei den Baukosten gespart werden, da die Stationen kleiner als bei anderen Metros sind. Auch wenn die Metro ohne Fahrer verkehrt, so gibt es auf Bahnhöfen und in den Zügen sogenannte Metro Stewards, die die Fahrgäste betreuen und durch ihre Anwesenheit das Sicherheitsgefühl erhöhen sollen. Ihre Aufgabe besteht auch darin, die Züge bei Störungen manuell zu fahren. Für die Stromzufuhr wählte man eine seitliche Stromschiene (750 V Gleichstrom), was einerseits das notwendige Tunnelprofil verringert, andererseits die oft als störend empfundenen Oberleitungen auf oberirdischen Strecken vermeidet.

Die heutige Metro wurde in drei Etappen (Phase 1, 2a und 2b) eröffnet. Nach Beginn der Bauarbeiten im Januar 1997, sollte die erste Etappe im Jahr 2000 abgeschlossen sein. Die Metro konnte aber erst am 19. Oktober 2002 von **Nørreport** bis **Vestamager** bzw. **Lergravsparken** ihren Betrieb aufnehmen. Am Bahnhof Nørreport, wo man zur S-Bahn und zu den Fernbahnen umsteigen kann, musste die halbe Länge des S-Bahnsteigs zwei Jahre lang gesperrt werden, um den Verbindungstunnel zwischen S-Bahn und Metro bauen zu können. Der Abschnitt 2a von Nørreport bis **Frederiksberg** wurde am 29. Mai 2003 eröffnet, der Abschnitt 2b folgte schließlich am 12. Oktober 2003. Der Bahnhof **Flintholm** wurde erst einige Monate später zusammen mit dem S-Bahnhof der Ringbahn und Frederikssundbahn fertig gestellt.

Von der derzeitigen Streckenlänge von 15,8 km liegen 8,9 km unterirdisch. Die Metro kommt gleich westlich des Bahnhofs Solbjerg und unmittelbar südlich des Bahnhofs Islands Brygge ans Tageslicht. Der größere Teil des unterirdischen Abschnitts wurde in den oberen Kalksteinschichten mit Hilfe von Tunnelbohrmaschinen mit einem Durchmesser von 5,5 m gebaut. Die eingleisigen Tunnel erreichen eine maximale Tiefe von 33 m. Im Tunnel befindet sich ein 70 cm breiter Laufsteg für den Fall, dass Fahrgäste evakuiert werden müssen. Um Energie zu sparen, wurden die Tunnel zwischen den Stationen abgesenkt. Aus Sicherheitsgründen wurden zwischen den einzelnen Stationen auch Notausstiegsschächte gebaut.

Die Baumaschinen wurden an der Havnegade in den Tunnel eingeführt, von hier konnte das ausgegrabene Material direkt auf dem Wasserweg abtransportiert werden, so dass das Großstadtleben davon kaum betroffen war.

Die Deckelbauweise wurde auf dem Abschnitt Frederiksberg – Solbjerg und für die Rampe bei Islands Brygge angewandt. Die NÖT (Neue österreichische Tunnelbauweise) diente für die Verzweigung bei Christianshavn und für die Gleisverbindungen östlich von Frederiksberg und östlich von Nørreport.

Alle 9 unterirdischen Stationen wurden in Deckelbauweise errichtet. Drei davon liegen in geringer Tiefenlage (**Solbjerg**, **Frederiksberg** und **Islands Brygge**), während sich die anderen in einer Tiefe von ca. 20 m befinden. Alle Bahnhöfe sind 60 m lang (außer Nørreport – 80 m) und haben keine durchgehenden Zwischengeschosse, so dass Tageslicht durch Glaspyramiden bis auf den Bahnsteig gelangt. Aufzüge führen von der Oberfläche direkt auf den Bahnsteig. Rolltreppen verbinden die Schalterhalle im ersten Untergeschoss mit dem Bahnsteig in beiden Richtungen, wobei die Fahrgastströme abwärts und aufwärts voneinander getrennt sind. Nur die unterirdischen Bahnhöfe wurden mit Bahnsteigtüren versehen. Der Mittelbahnsteig in den Stationen Solbjerg und Islands Brygge ist über eine Treppe direkt von der Oberfläche erreichbar, im Bahnhof Frederiksberg hingegen gibt es ein großes Zwischengeschoss, das direkt mit dem benachbarten Einkaufszentrum verbunden ist. Die Gestaltung der Stationen sollte zeitlos sein, was aber leider in einer übertriebenen Monotonie endete. Fahrgäste können ihre Station allein am Namen auf den Stationsschildern erkennen.

Metro: Lines & History

After the completion of the second phase of the Metro in January 2004, the network in operation now has a total length of 15.8 km with 17 stations. A further 4.1 km (5 stations) is under construction to link the Airport to the city centre (opening in 2008).
The Metro operates from 05:00 until 01:00, both branches being served every 5–10 minutes, depending on the time of the day, thus offering a train every 2.5 minutes along the common stretch from Vanløse to Christianshavn during peak hours. On weekends, trains run all night, every 15 minutes from 01:00 until 05:00. A trip from Vanløse to Vestamager takes 22 minutes (13.7 km), and from Vanløse to Lergravsparken 16 minutes (9.7 km).

After all projects for underground S-bane routes had been shelved in the mid-1970's, the need for more rapid transit in the city centre was still obvious, especially in an east-west direction to also serve the densely populated areas on Amager Island. In 1992, the Danish Parliament passed the Ørestad Act in order to create a new town on Amager, which would need to be linked to the city centre by a new means of transport. Ørestadsselskabet (55% owned by the City of Copenhagen and the rest by the Danish state) was founded to develop the Metro and the new town. Among alternatives studied were light rail with street running in the city centre, light rail with an underground section and a fully segregated driverless metro. Eventually a mini-metro was given the go-ahead in 1996, with contracts being awarded to Comet (Copenhagen Metro Construction Group) for the civil engineering work, and to the Italian company Ansaldo for all railway related parts, including automatic operation. Metro Service (Serco) is operating the Metro on behalf of Ansaldo for the first five years. Automatic Train Control (ATC) was chosen as it would allow more frequent, but shorter trains, thus reducing the costs of station construction. Driverless does not mean unmanned, though. Metro stewards are present in stations and on trains to assist passengers and increase the feeling of safety. They also have to manually operate the train in case of system failures. Third rail power supply (750 V dc) was chosen to reduce the necessary tunnel profile and to avoid the visual impact an overhead wire would have had on surface sections.

The current Metro was opened in 3 stages (comprising phases 1, 2a and 2b). With construction beginning in January 1997, phase 1 was scheduled to be finished in 2000. The Metro eventually started running from ***Nørreport*** *to* ***Vestamager*** *and* ***Lergravsparken*** *on 19 October 2002. At Nørreport, where interchange is provided with the existing S-bane and mainline services, half of the S-tog platform had to be closed for two years to build the pedestrian tunnel between the S-tog and the Metro. Section 2a from Nørreport to* ***Frederiksberg*** *was brought into service on 29 May 2003, and section 2b was finished on 12 October 2003.* ***Flintholm*** *station only opened some months later, together with the new interchange with the S-tog Ring Line and the Frederikssund Line.*

Of the current length of 15.8 km, 8.9 km runs underground. The Metro surfaces just west of Solbjerg station and just south of Islands Brygge station. The larger part of the underground section was excavated out of the upper layer of limestone with 5.5 m diameter tunnel boring machines. The single-track tunnels reach a maximum depth of 33 m. Inside the tunnel there is a 70 cm wide walkway in case passengers have to evacuated. In order to save energy tunnels dip between stations. For safety reasons, emergency shafts were built between stations. The main shaft where machinery was introduced was established at Havnegade, so that excavated soil could be taken away by barges without disrupting everyday city life.
*The cut-and-cover method was used for the Frederiksberg – Solbjerg section and the ramp at Islands Brygge. The NATM (New Austrian Tunnelling Method) was used for the junction near Christianshavn, and for crossover sections east of Frederiksberg station and east of Nørreport station. All 9 underground stations were built by the cut-and-cover method; three are at a shallow depth (****Solbjerg****,* ***Frederiksberg*** *and* ***Islands Brygge****), whereas the rest lie at a depth of about 20 m. All stations are 60 m long (except for Nørreport, which is 80 m) and 20 m wide, without intermediate levels, so that daylight can reach the platform through glass pyramids. Elevators lead from street level directly to the platform. Escalators link the vestibule on level –1 to the platform in both directions, passenger flows being totally separated. Only underground stations are equipped with platform screen doors. The island platforms at Solbjerg and Islands Brygge are accessible directly from the surface via a flight of stairs, whereas at Frederiksberg there is a large intermediate vestibule, which is linked to the adjacent shopping mall. The design for the stations was chosen to be timeless, resulting in an almost exaggerated uniformity. Passengers can only distinguish and recognise their station by its name. The deep level stations have an underground bicycle room, which is also an emergency exit. Between Forum and Frederiksberg stations, provision was made to enable the addition of another station at Landbohøjskolen.*

The southern branch to ***Vestamager*** *runs partly on an embankment and partly elevated. This 5 km long section still leads through large undeveloped areas. Heavy construction is going on around* ***Universitetet*** *station, where DR (Danish Radio & Television) is building new broadcasting facilities.* ***Bella Center*** *is a huge convention centre which moved to Amager in 1975. To avoid dark spaces under a wide viaduct, each track was built on a separate viaduct with 13 m*

Metro

Der südliche Ast der Metro verläuft oberirdisch als Hochbahn oder auf einem Damm:

❶ **Ørestad** – Umsteigestation zur Øresundbahn nach Malmö.

❷ **Sundby** – Alle Bahnhöfe dieses Abschnitts sind fast identisch.

❸ **Vestamager** – südlich des Bahnhofs Anschluss an die Betriebswerkstatt.

❹ Metro in Dammlage bei **Sundby**.

The southern branch of the Metro runs on the surface, either elevated or on an embankment:

❶ ***Ørestad*** *– interchange with the Øresundbane to Malmö.*

❷ ***Sundby*** *– all stations along this stretch are almost identical.*

❸ ***Vestamager*** *– south of the station, tracks lead to the main depot.*

❹ *Metro on an embankment near* ***Sundby****.*

Metro

❶ Die Hochbahnstrecken verlaufen auf zwei getrennten Viadukten, wie hier südlich des Bahnhofs **Universitetet**.

❷ Südlich des Bahnhofs **Islands Brygge** fährt die Metro in den Tunnel ein.

❸ Der Bahnhof **Islands Brygge** befindet sich in einfacher Tiefenlage und ist ohne Zwischengeschoss erreichbar.

❹ In den tiefen Bahnhöfen führen Rolltreppen vom Zwischengeschoss zum Bahnsteig. Durch die Decke dringt Tageslicht bis hinunter (**Amagerbro**).

❶ *The elevated routes run on two separate viaducts, as seen here south of* ***Universitetet*** *station.*

❷ *The Metro enters the tunnel just south of* ***Islands Brygge*** *station.*

❸ ***Islands Brygge*** *station lies at shallow depth and is accessible without a mezzanine.*

❹ *In deep stations, escalators lead down from the mezzanine to the platform. Daylight comes in through openings in the ceiling and illuminates the platform level (****Amagerbro****).*

In den tieferen Stationen gibt es einen unterirdischen Fahrradabstellraum, der auch als Notausgang dient. Zwischen den Bahnhöfen Forum und Frederiksberg gibt es die Möglichkeit, zu einem späteren Zeitpunkt einen weiteren Bahnhof Landbohøjskolen einzubauen.

Der südliche Ast nach **Vestamager** verläuft teilweise auf einem Damm und teilweise als Hochbahn. Der 5 km lange Abschnitt führt noch durch weitgehend unbebaute Gebiete. Massive Bauarbeiten sind rund um den Bahnhof **Universitetet** im Gange, wo der dänische Rundfunk (DR) ein neues Sendezentrum errichtet. **Bella Center** ist ein riesiges Kongresszentrum, das schon 1975 auf die Insel Amager zog. Um dunkle Durchgänge unter der Hochbahntrasse zu vermeiden, wurde jedes Gleis auf ein eigenes Viadukt im Abstand von 13 m voneinander gelegt. Im Vergleich zu anderen modernen Hochbahnen, wie z. B. in Bangkok oder Manila, ist das eine visuell zufriedenstellende Lösung. Die Betriebsleitzentrale, Abstellanlagen und Betriebswerkstatt der Metro befinden sich östlich des Endbahnhofs Vestamager. Am Bahnhof **Ørestad** kann man zur Øresund-Linie Richtung Flughafen und nach Malmö in Schweden umsteigen. Alle oberirdischen Stationen auf dem südlichen Ast sind identisch und haben ein sehr funktionales Aussehen. Es wurden hauptsächlich Glas und Stahl verwendet. Der Bahnsteig kann von der Straßenebene über eine Treppe oder mit einem Augzug erreicht werden. Anstatt Bahnsteigtüren wurde hier ein elektronisches Überwachungssystem installiert, welches den Zug stoppt, falls ein Hindernis auf den Gleisen entdeckt wird.

Der westliche Abschnitt zwischen **Solbjerg** und **Vanløse** ersetzt die frühere Frederiksbergbahn, die 1879 eröffnet wurde und seit 1934 Teil des S-Bahnnetzes war. Der frühere Bahnhof Frederiksberg wurde 1998 geschlossen, um Platz zu machen für den Bau der Metro. Das unter Denkmalschutz stehende Empfangsgebäude konnte erhalten werden und steht nun an der Südseite des neuen Bahnhofsplatzes. Die Bahnhöfe **Solbjerg** und **Lindevang** dienten nur 14 Jahre lang als S-Bahnhöfe, bevor sie für die Metro umgebaut wurden. Das ursprüngliche Metroprojekt enthielt keinen Bahnhof **Flintholm**, dieser kam erst im Mai 2000 mit der Entscheidung die Ringbahn auszubauen hinzu. So entstand ein großzügiger Umsteigeknoten für zwei S-Bahnlinien und die Metro, der Dänemarks drittgrößter Bahnhof (nach København H und Nørreport) werden soll. Die drei oberirdischen Bahnhöfe des westlichen Abschnitts unterscheiden sich wesentlich von denen am südlichen Ast, da hier für jede Station eine unterschiedliche Dachkonstruktion gewählt wurde. In **Vanløse** übernahm die Metro den unteren Bahnsteig, der früher als Spitzkehre von der S-Bahn benutzt worden war.

Zukunft der Metro

Die dritte Phase des Metrobaus, die sogenannte **Østamagerbane** von Lergravsparken zum Flughafen wurde im Mai 2001 beschlossen. Diese oberirdische Verlängerung benutzt die Trasse der ehemaligen Amagerbahn, die von 1907 bis 1947 von Amagerbro nach Kastrup und Dragør führte. Später diente sie nur noch dem Gütertransport, der südliche Abschnitt wurde 1957 geschlossen, um die Erweiterung des Flughafens zu ermöglichen. Die 4,1 km lange Verlängerung der Metro verläuft größtenteils ebenerdig, im Bereich Øresundsvej und Saltværksvej wird sie im Einschnitt und beim Hedegaardsvej und am Flughafen auf einem Damm liegen. Auf dieser Strecke wird es 5 Stationen geben, deren Namen noch nicht endgültig beschlossen sind. Die Endstation wird innerhalb des Parkhauses im Terminal 3 liegen. Die Fahrgastprognosen für die einzelnen Stationen liegen bei 5500 – 6500 täglich, für Italiensvej werden jedoch nur 1400 Fahrgäste pro Tag erwartet.

Die ersten Vorschläge für eine 4. Ausbauphase wurden bereits 1999 auf den Tisch gelegt. Es handelt sich um den sogenannten **Cityring**, eine 14,5 km lange unterirdische Ringlinie vom Hauptbahnhof über Rådhuspladsen zum Kongens Nytorv (M), durch die Frederiksstad weiter nach Østerport (S), Trianglen, Rigshospitalet, Nørrebro (S), Nørrebros Runddel, Frederiksberg/Forum (M), Vesterbro Torv und zurück zum Hauptbahnhof. Eventuelle Äste nach Brønshøj im Nordwesten und nach Valby im Süden wurden dabei berücksichtigt. Im Januar 2004 stellte das Verkehrsministerium verschiedene alternative Streckenführungen vor, die derzeit untersucht werden. Anstatt über Vesterbro Torv sehen alle Alternativen eine Streckenführung über Tove Ditlevsens Plads vor. Im Wesentlichen soll der Cityring nach den technischen Parametern der bestehenden Metro gebaut werden. Manche Stationen müssen tiefer angelegt werden, da die bestehende Linie gequert wird. Die Station an der Frederikskirke könnte mit der NÖT gebaut werden. Für die Ringlinie werden 25 Züge (+ 5 Reservezüge) benötigt. Die Linie könnte in mehreren Abschnitten in Betrieb genommen werden, wobei der erste Abschnitt sicherlich vom Hauptbahnhof bis Trianglen (4,7 km) führen würde. Auf diese Weise könnte man das dicht besiedelte Gebiet in Østerbro erschließen und die S-Bahnstation Nørreport entlasten. Vom endgültigen Beschluss bis zur Eröffnung der ersten Strecke wird mit 9 Jahren gerechnet.

*between them. Compared to other modern elevated metros, like those in Bangkok or Manila, this is a more visually satisfying solution. 500 m north and 500 m south of **Ørestad** station, two more stations may be built in the future. The Metro's control centre, depot and workshops are located next to the Vestamager terminus. At Ørestad, interchange is possible with the Øresund Line to the Airport and to Malmö in Sweden. All aboveground stations along the southern branch are identical, with a very functional design that uses mainly glass and lightweight stainless steel. The platform can be reached from street level by stairs and lifts. Instead of platform screen doors, an electronic surveillance system was installed to stop the train if an obstacle is detected on the tracks.*

*The western surface route between **Solbjerg** and **Vanløse** replaced the former Frederiksberg railway line, which opened in 1879 and had been part of the S-bane network from 1934. The former Frederiksberg station was closed in 1998 to make room for the construction of the new underground station. The original classified station building was preserved and can be seen next to today's station square. **Solbjerg** and **Lindevang** were open as S-tog stations for only 14 years before they were rebuilt for the Metro. The initial project for the Metro did not include **Flintholm** station, but when a decision was taken in May 2000 to upgrade and extend the S-tog Ringbane, a huge transfer station was decided upon for two S-tog lines and the Metro. This is meant to be Denmark's third largest station in terms of passengers handled (after København H and Nørreport). The three western surface stations are quite different from those in the south, all having a very characteristic roof construction. At **Vanløse**, the Metro took over the lower level platform, which was once used by the S-tog Ring Line, which had to change directions here.*

The Metro's Future

*The third phase of the Metro, the so-called **Østamagerbane** from Lergravsparken to the Airport was approved in May 2001. This surface section follows the alignment of the former Amagerbane, which from 1907 until 1947 ran from Amagerbro to Kastrup and Dragør. Later the line was only used for goods transport and the southern section had to be closed in 1957 to allow for the expansion of the Airport. The 4.1 km metro extension will mostly run at grade, at Øresundsvej and Saltværksvej it will be in a cutting, and at Hedegaardsvej and the Airport it will be on an embankment. There will be 5 stations, the names of which have yet to be finally decided. The terminus will be located inside the parking lot of Terminal 3. All stations have a daily passenger forecast between 5,500 and 6,500, except for Italiensvej, which is expected to have only about 1,400.*

*The first proposals for phase 4 of the Metro appeared in 1999. This is the so-called **Cityringen**, a 14.5 km circular underground line from the Central Station to Rådhuspladsen and Kongens Nytorv (M), Frederiksstaden, Østerport (S), Trianglen, Rigshospitalet, Nørrebro (S), Nørrebros Runddel, Frederiksberg/Forum (M), Vesterbro Torv and back to the Central Station. Possible future branches might one day serve Brønshøj in the northwest and Valby in the south. In January 2004, the Transport Ministry published alternative plans, which are currently being discussed. Instead of Vesterbro Torv, all alternatives consider an alignment via Tove Ditlevsens Plads. Basically, Cityringen will have the same technical parameters as the existing metro line. Some stations will have to lie deeper to cross under the existing line, and the station at Frederikskirken may be built by NATM. Cityringen will need 25 trains (+5 on reserve). This line could be built in various stages, the first stage for certain being from the Central Station to Trianglen (4.7 km). This section would create a link to the densely populated Østerbro area and relieve the Nørreport S-tog station. From the final approval of the project until the opening it would take 9 years.*

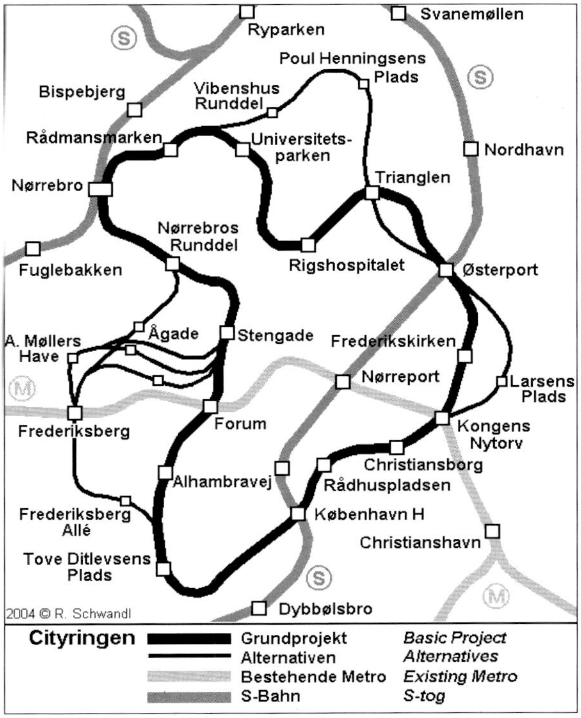

Metro

U-Bahneingänge sind an einer Säule mit einem rotbraunen M erkennbar, durch die Glaspyramiden dringt Tageslicht bis hinunter zur Bahnsteigebene:

❶ **Lergravsparken**

❷ **Christianshavn**

❸ **Amagerbro**

❹ Die unterirdischen Stationen sind nur an ihrem Namen zu unterscheiden.

Metro entrances are marked by a column with a red-brown M; daylight reaches the platform level through the glass pyramids:

❶ ***Lergravsparken***

❷ ***Christianshavn***

❸ ***Amagerbro***

❹ *Underground stations can only be distinguished by their names.*

1

2

3

4

Metro

❶ Über der U-Bahnstation **Kongens Nytorv** entstand vor dem Kaufhaus Magasin du Nord ein neuer Platz.

❷ In den tiefen Station wurden jeweils zwei Rolltreppen in jeder Richtung eingebaut, gleichzeitig wurden die Fahrgastströme voneinander getrennt (**Kongens Nytorv**).

❸ Die unterirdischen Bahnhöfe wurden mit Bahnsteigtüren versehen, während es an den oberirdischen ein elektronisches Überwachungssystem gibt (**Kongens Nytorv**).

❹ Am Bahnhof **Nørreport** steigen viele Fahrgäste von der S-Bahn in die Metro um, so dass die Züge schnell voll werden.

❶ *A new square was built in front of the department store Magasin du Nord on top of* ***Kongens Nytorv*** *station in the heart of the city.*

❷ *Two sets of escalators were installed in each direction, separating passenger flows (****Kongens Nytorv****).*

❸ *Platform screen doors were installed in underground stations, surface stations having an electronic obstacle detection system instead (****Kongens Nytorv****).*

❹ *At* ***Nørreport*** *many passengers change from S-tog to Metro, and trains fill up quickly.*

Fahrzeuge: S-tog

Derzeit sind bei der S-Bahn drei verschiedene Baureihen im Einsatz:

a) 2. Generation (7001–8565): Diese Züge wurden in 8 Serien von 1967 bis 1975 von Scandia, Frichs und GEC gebaut. Bis 1978 konnten so alle Züge der ersten Generation, die in 5 Serien zwischen 1934 und 1962 geliefert worden waren, ersetzt werden. Viele der ursprünglich 2-Wagen-Einheiten wurden später durch einen weiteren motorisierten Wagen und einen Beiwagen ergänzt, sie bilden seither permanent gekoppelte 4-Wagenzüge, die 81 m lang, 3 m breit und 3,89 m hoch sind. Zwei 4-Wagenzüge können zu einem Vollzug gekoppelt werden. Die Höchstgeschwindigkeit beträgt 100 km/h. Die S-Bahnzüge haben Standardspurweite und werden mit 1500 V Gleichstrom über eine Oberleitung versorgt.

b) 3. Generation: Nachdem 1979 16 Wagen (6001–6008, 6501–6508) gebaut worden waren, die zwei Prototypzüge bildeten, wurden 1986 nur acht 4-Wagenzüge von Ascan Scandia und ASEA Traction geliefert, die Prototypen wurden 1995 verschrottet. Ein permanent gekoppelter 4-Wagenzug ist 83 m lang, 3,21 m breit und 3,2 m hoch.

c) 4. Generation: Diese Züge sind seit 1996 im Einsatz und zählen sicherlich zu den bequemsten und attraktivsten Schnellbahnzügen in Europa. Sie wurden gemeinsam von Alstom und Siemens gebaut und sind überraschenderweise 3,52 m breit. Die Gesamthöhe von 4,3 m schafft einen noch größeren Innenraum. Eine Zugeinheit besteht aus 8 kurzen Modulen, die zusammen eine Länge von 84 m haben. Sie bieten Sitzplätze für 336 Fahrgästen. Zwei Einheiten können miteinander gekoppelt werden. Die Höchstgeschwindigkeit beträgt 120 km/h. Bis 2005 sollen insgesamt 135 Zugeinheiten geliefert werden.
Um einen flexibleren Einsatz dieser Fahrzeuge zu ermöglichen, wurden später noch 31 Kurzzüge, die aus 4 Modulen bestehen, bestellt. Sie sollen ab 2004–2005 im Einsatz sein. Diese Einheiten können auch mit langen Einheiten gekoppelt werden und so in 1 1/2-facher Traktion fahren.

Fahrzeuge: Metro

Für die Kopenhagener Metro wurden in Italien von Ansaldobreda 19 Züge gebaut. Der erste Zug wurde im Mai 1999 geliefert. Jeder Zug besteht aus drei permanent gekoppelten Wagen mit einer Gesamtlänge von 39 m. Sie sind 2,65 m breit und 3,9 m hoch und bieten Platz für 300 Fahrgäste (davon 96 Sitzplätze). Alle drei Wagen sind durchgehend begehbar. Ein vierter Wagen könnte bei Bedarf eingefügt werden, was aber einen Umbau der Bahnsteigtüren nötig machen würde. Die Höchstgeschwindigkeit beträgt 80 km/h, die durchschnittliche Reisegeschwindigkeit liegt bei 37 km/h. Die Züge sind führerlos und werden vollautomatisch betrieben. Wie für die Stationen wurde auch für die Züge ein funktionales, zeitloses Design von Giugiaro Design entworfen. Die Stationen werden sowohl akustisch als auch über Leuchtanzeigen angekündigt. Aus Sicherheitsgründen wird das Innere des Zuges mit Video überwacht. Neben den Türen befindet sich ein sogenannter Call Point, wo die Fahrgäste im Notfall Kontakt mit der Betriebsleitzentrale aufnehmen können. Die Türen schließen nach einem akustischen und optischen Signal automatisch. Die Metro hat Standardspurweite von 1435 mm und wird mit 750 V Gleichstrom über eine seitliche Stromschiene versorgt. Drei der vier Drehgestelle werden angetrieben. Nach Inbetriebnahme der Verlängerung zum Flughafen werden insgesamt 34 Züge im Einsatz sein.

S-tog Rolling Stock

At present, there are 3 different types of S-trains in service:
a) 2nd generation (7001–8565): These trains were built in 8 batches between 1967 and 1975 by Scandia, Frichs and GEC. By 1978, they had replaced all 1st generation trains, which had been built in 5 batches from 1934 until 1962. Many of the original 2-car trainsets were complemented with another motorised car and a trailer from 1975 to 1978, and now form a permanently coupled 81 m long 4-car train, which is 3 m wide and 3.89 m high. Two trainsets can be coupled to form a full-length 8-car train. Maximum speed is 100 km/h. S-trains have standard gauge and are supplied with 1500 V dc from an overhead wire.

b) 3rd generation: After building 16 cars (6001–6008, 6501–6508) in 1979 to form two prototype trains, only eight 4-car trainsets were delivered in 1986 by Ascan Scandia and ASEA Traction, and the prototypes were scrapped in 1995. A permanently coupled 4-car trainset is 83 m long, 3.21 m wide and 3.2 m high.

c) 4th generation: These trains have been in service since 1996 and are certainly among the most comfortable and appealing rapid transit trains in Europe. They were built by Alstom and Siemens and are surprisingly wide at 3.52 m. The spaciousness of the interior is also augmented by an overall height of 4.3 m. Each trainset consists of 8 short modules with a total length of 84 m and offers 336 seats. Two trainsets can be coupled together. The maximum speed is 120 km/h. A total of 135 trainsets are expected to be delivered by 2005.
To provide greater flexibility, 31 4-module trainsets have been ordered which will be delivered in 2004–2005. These can also be coupled with the longer trainsets to form 1 1/2-length trainsets.

Metro Rolling Stock

19 trainsets were built in Italy for the new Copenhagen Metro by Ansaldobreda. The first train was delivered in May 1999. Each trainset consists of three permanently coupled carriages with a total length of 39 m, and is 2.65 m wide and 3.9 m high, with a capacity for 300 passengers (96 seated). All three cars are linked with gangways. A fourth car can be added if necessary, although this would necessitate the rearrangement of the platform screen doors. Maximum speed is 80 km/h, while the average travel speed is 37 km/h. Trains are driverless and are operated automatically. As with the stations, a functional, timeless design by Giugiaro Design was chosen for the rolling stock. Stations are announced both visually and acoustically. For security reasons, the interior of the train is under video surveillance. Next to the doors there are call points to communicate with the control centre in case of emergencies. Doors close automatically after an acoustic and visual warning. The Metro has standard 1435 mm gauge and power is supplied via a third rail (750 V dc). Three of the four bogies are motorised. Once the Metro has been extended to the Airport, a total of 34 trains will be in service.

Metro

❶ Der U-Bahnhof **Frederiksberg** liegt an der Stelle des ehemaligen S-Bahnhofs, das alte Stationsgebäude ist noch links im Bild zu sehen.

❷ Typischer Eingang zum Bahnhof **Forum**.

❸ **Frederiksberg** gehört zu den Bahnhöfen in geringer Tiefenlage.

❹ Von Frederiksberg bis Vanløse ersetzte die Metro die S-Bahn von 1934. Bis Solbjerg wurde die Strecke unter die Erde gelegt, bei **Lindevang** verläuft sie in Dammlage.

❶ ***Frederiksberg*** *station is located at the site of the former S-tog station; the old station building was preserved and is visible on the left.*

❷ *Typical entrance at* ***Forum*** *station.*

❸ ***Frederiksberg*** *is one of the shallow stations.*

❹ *Between Frederiksberg and Vanløse, the Metro replaced the S-tog, which had been in service since 1934. The route was put underground as far as Solbjerg, while at* ***Lindevang*** *it runs on an embankment.*

Metro

❶ Nach der Einheitlichkeit der oberirdischen Stationen auf dem Vestamager-Ast wurde auf der Weststrecke eine unterschiedliche Dachkonstruktion für alle Stationen entworfen. Der Bahnhof **Lindevang** ist seit Oktober 2003 in Betrieb.

❷❸ In **Flintholm** entstand eine großzügige Umsteigestation für die Metro und zwei S-Bahnlinien.

❹ In **Vanløse** endet die Metro am unteren Bahnsteig, der früher als Spitzkehre für die Züge der Ringbahn benutzt wurde. Links ein Zug Richtung Frederikssund.

❶ *After the uniformity of the surface stations on the Vestamager branch, a different roof construction was designed for each station along the western extension.* ***Lindevang*** *opened in October 2003.*

❷❸ *A huge interchange station was opened at* ***Flintholm*** *in January 2004 for the Metro and two S-tog lines.*

❹ *At* ***Vanløse*** *the Metro terminates at the lower platform, which was previously used by reversing S-tog ring line trains. The train on the left is heading for Frederikssund.*

Andere Schienenverkehrsmittel in und um Kopenhagen

Nærumbanen

Innerhalb des Großraums von Kopenhagen verdient die Nærumbahn eine besondere Erwähnung. Vom S-Bahnhof Jægersborg fährt ein Dieselzug alle 20 Minuten (während der Hauptverkehrszeit alle 10 Minuten) auf der 7,8 km langen eingleisigen Strecke nach Nærum. Es gibt 8 Haltestellen, Zugkreuzungen sind in Fuglevad und Ørholm möglich. 2002 wurde ein neuer Halt am Nørgaardsvej eingerichtet.

Lokalbanen

2002 wurden fünf vormals private Bahnen (darunter die Nærumbahn) in einer neuen Gesellschaft Lokalbanen A/S zusammengeschlossen. Unter dieser Bezeichnung werden verschiedene Bahnstrecken in der Region Kopenhagen mit Dieselfahrzeugen betrieben:

a) Østbanen – vom südlichsten S-Bahnhof Køge nach Rødvig und Fakse, stündlich auf jedem Ast. Køge liegt auch an der DSB-Strecke Roskilde – Næstved.
b) Frederiksværkbanen – von Hillerød nach Hundested (stündlich)
c) Gribskovbanen – von Hillerød nach Tisvildeleje und Gilleleje (stündlich auf jedem Ast)
d) Hornbækbanen – von Helsingør nach Gilleleje entlang der Nordküste (halbstündlich)

Øresundbanen / Kystbanen

In den Neunziger Jahren wurde eine feste Autobahn- und Eisenbahnverbindung zwischen Dänemark und Schweden gebaut. Die Strecke über den Öresund, der beide Länder trennt, wurde am 1. Juli 2000 eröffnet. Von der dänischen Seite führt die Strecke zuerst in einem 3,5 km langen Tunnel zur künstlichen Insel Peberholm, von dort erreicht man über eine 7,8 km lange Brücke das schwedische Festland und die Stadt Malmö. Die Öresundbahn verkehrt auf der unteren Ebene der Brücke und wird mit Zweisystemfahrzeugen betrieben. Das Umschalten zwischen beiden Strom- und Signalsystemen findet auf der schwedischen Seite statt. Die Öresundbahn verkehrt alle 20 Minuten zwischen Malmö und Helsingør und hält in Københavns Lufthavn, Tårnby, Ørestad (M), Hauptbahnhof, Nørreport, Østerport, Hellerup und Klampenborg.

Andere Regionalbahnen

Vom Stadtzentrum von Kopenhagen (die meisten Züge fahren von Østerport ab) gibt es ein dichtes Zugangebot Richtung Westseeland, wobei alle Züge über Roskilde fahren. Dieser Bahnhof war 1847 auch Endstation der ersten Eisenbahn Dänemarks.

Vom nördlichsten S-Bahnhof Hillerød verkehrt der Lille Nord der DSB stündlich nach Helsingør (während der Hauptverkehrszeiten alle 30 Minuten).

Straßenbahn

So wie die Tvärbana in Stockholm könnte auch in Kopenhagen in den nächsten Jahren die Straßenbahn eine Wiedergeburt erleben. Es soll eine Tangentialverbindung von Lundtofte im Norden über Lyngby an der S-Bahnstrecke nach Hillerød bis Glostrup an der Høje-Taastrup-Linie gebaut werden, die meist ebenerdig mit Niederflurfahrzeugen betrieben wird. Frühestens wäre mit einer Inbetriebnahme im Jahr 2010 zu rechnen.

Other Rail Transport In and Around Copenhagen

Nærumbanen

In the Copenhagen metropolitan area, Nærumbanen deserves a special mention. From Jægersborg S-tog station, a diesel train runs every 20 minutes (during rush hours every 10 minutes) along the 7.8 km single-track line to Nærum. There are 8 stops, with a passing loop at Fuglevad and Ørholm. A stop at Nørgaardsvej was added in 2002.

Lokalbanen

In 2002, five former private railways (incl. Nærumbanen) were amalgamated in the new company Lokalbanen A/S, offering diesel local services in the Copenhagen region:

a) Østbanen – from the S-tog's southernmost station Køge to Rødvig and Fakse, offering an hourly service on either branch. Køge is also linked by the DSB Roskilde – Næstved line.
b) Frederiksværkbanen – from Hillerød to Hundested (hourly)
c) Gribskovbanen – from Hillerød to Tisvildeleje and Gilleleje (hourly on either branch)
d) Hornbækbanen – from Helsingør to Gilleleje along the northern coast (every 30 minutes)

Øresundbanen/Kystbanen

During the 1990's, a fixed motorway and railway link was built between Denmark and Sweden. The route across the Øresund, the straits separating the two countries, was opened on 1 July 2000 and includes a 3.5 km tunnel from the Danish side to the artificial island of Peberholm. From there, a 7.8 km long double-deck bridge leads towards Malmö in Sweden. Øresundbanen runs on the lower level and is operated with dual-system trains, which, on the Swedish shore, switch between either country's voltage and control system. Øresundbanen operates every 20 minutes between Malmö and Helsingør, passing through Københavns Lufthavn, Tårnby, Ørestad (M), Central Station, Nørreport, Østerport, Hellerup and Klampenborg.

Other Regional Trains

A frequent regional service is operated from central Copenhagen (most trains start from Østerport station) towards the west of Zealand, with all trains running through Roskilde, which was the terminus of the first railway line opened in Denmark in 1847.

From the S-tog's northernmost station Hillerød, the DSB Lille Nord runs hourly to Helsingør (peak hours every 30 minutes).

Tram

As with the Tvärbana in Stockholm, trams may eventually come back to Copenhagen. A tangential link could be built from Lundtofte in the north to Glostrup on the Høje-Taastrup-Line, via Lyngby on the S-tog route to Hillerød. The line would mostly run at grade and use modern low-floor vehicles. It could open in 2010 at the earliest.

S-tog & Metro Eröffnungsdaten *Opening Dates*

03-04-1934 S *Frederiksberg – Vanløse – Nørrebro – Hellerup – Klampenborg* (Frederiksbergbanen/Ringbanen/Klampenborgbanen)
15-05-1934 S *København H – Hellerup* (Boulevardbanen)
01-11-1934 S *København H – Valby* (prov.) (Vestbanen)
15-05-1936 S *Hellerup – Holte* (Nordbanen) + *Fuglebakken* st. (Ringbanen)
26-05-1941 S *Valby* (permanent/endgültig)
23-09-1941 S *Enghave – Valby* (2nd track/2. Gleis)
23-09-1941 S *Valby – Vanløse* (Ballerupbanen)
16-05-1949 S *Vanløse – Ballerup* (Ballerupbanen)
17-06-1953 S *Valby – Glostrup* (Vestbanen)
19-05-1963 S *Hvidovre – Glostrup* (2nd track/2. Gleis)
26-05-1963 S *Glostrup – Taastrup* (Vestbanen)
24-04-1964 S *Rødovre* st. (Vestbanen)
18-11-1966 S *Skovlunde – Ballerup* (2nd track/2. Gleis)
26-05-1968 S *Holte – Hillerød* (Nordbanen)
31-05-1970 S *Herlev – Skovlunde* (2nd track/2. Gleis)
01-10-1972 S *København H – Vallensbæk* (Køge Bugt-banen)
10-04-1976 S *Svanemøllen* st. relocated/verschoben
26-09-1976 S *Vallensbæk – Hundige* (Køge Bugt-banen)
25-09-1977 S *Svanemøllen – Farum* (Hareskovbanen)
30-09-1979 S *Hundige – Solrød Strand* (Køge Bugt-banen)
25-09-1983 S *Solrød Strand – Køge* (Køge Bugt-banen)
30-05-1986 S *Taastrup – Høje Taastrup* (Vestbanen)
16-12-1986 S *Lindevang* st., *Solbjerg* st. (Frederiksbergbanen)
28-05-1989 S *Ballerup – Frederikssund* (Frederikssundbanen) + *Malmparken* st.
29-06-1996 S *Bispebjerg* st. (Ringbanen)
20-06-1998 [X] S *Frederiksberg – Solbjerg* (Frederiksbergbanen)
28-09-1998 Re *København H – Københavns Lufthavn Kastrup* (Øresundbanen)
01-01-2000 [X] S *Solbjerg – Vanløse* (Frederiksbergbanen)
01-07-2000 Re *Københavns Lufthavn Kastrup – Malmö* (Øresundbanen) + *Ørestad* st.
23-10-2000 S *Ballerup – Veksø* (2nd track/2. Gleis) (Frederikssundbanen)
26-11-2000 S *Kildedal* st. (Frederikssundbanen)
23-04-2001 [X] S *Ryparken – Vanløse* (Ringbanen)
02-02-2002 S *Ryparken – C. F. Richs Vej* (prov.) (Ringbanen)
15-09-2002 S *Veksø – Frederikssund* (2nd track/2. Gleis)
15-09-2002 S *Gl. Toftegård* (Frederikssundbanen)
19-10-2002 M *Nørreport – Vestamager/Lergravsparken*
29-05-2003 M *Nørreport – Frederiksberg*
12-10-2003 M *Frederiksberg – Vanløse*
18-01-2004 [X] S *C. F. Richs Vej* (Ringbanen)
24-01-2004 M+S *Flintholm* (Ringbanen + Frederikssundbanen)

01-2005 S *Flintholm – Ny Ellebjerg* (prov.) (Ringbanen)

12-2006 S *Ny Ellebjerg* (permanent/endgültig) (Ringbanen)
2008 M *Lergravsparken – Københavns Lufthavn*

[X] *closed*/geschlossen

❶ Die Bahnverbindung über den Öresund nach Schweden wurde im Jahr 2000 fertiggestellt, doch bereits seit 1998 erreichte man den **Kopenhagener Flughafen**. Der Bahnhof ist nach oben teilweise offen, da die Strecke auch von Dieselzügen befahren wird.

❷ In **Ørestad** kann man von der Øresund-Linie zur Metro umsteigen.

❸ Im Bereich **Tårnby** wurde die Øresund-Linie unter die Erde gelegt, dabei entstand ein unterirdischer Bahnhof.

❹ Im Norden von Kopenhagen verkehrt die **Nærumbahn** ab Jægersborg alle 20 Minuten nach Nærum.

❺ Von Hillerød starten mehrere dieselbetriebene **Lokalbahnen**, wie diese nach Tisvildeleje.

❶ *The railway link across the Øresund to Sweden was completed in 2000, while* ***Copenhagen Airport*** *station had already been in use since 1998. The station has a partly open ceiling as the route is also served by diesel-hauled trains.*

❷ *At* ***Ørestad****, transfer is provided between the Øresund line and the Metro.*

❸ *In the* ***Tårnby*** *area, the Øresund line was put underground, including the station of that name.*

❹ *In the north of Copenhagen, the* ***Nærumbane*** *runs every 20 minutes from Jægersborg to Nærum.*

❺ *From Hillerød, DMU's operate on several* ***local railways****, like this one to Tisvildeleje.*

STOCKHOLM

Die schwedische Hauptstadt Stockholm liegt im Osten des Landes, wo der Mälarsee in die Ostsee mündet. Die Stadt erstreckt sich über mehrere Inseln, wobei die innere Stadt die Inseln Gamla Stan (Altstadt), Kungsholmen (Königsinsel) und Södermalm (südliche Insel) sowie das Gebiet von Norrmalm/Östermalm/Vasastan im Norden umfasst. Auch wenn das Wasser der Ostsee bis ins Zentrum der Stadt reicht, so liegt die offene See weit hinter den zahlreichen Inseln des herrlichen Schärengartens (Skärgården). Die Stadt wurde 1252 von Birger Jarl gegründet und erlebte ihre Blütezeit im 17. Jahrhundert, als Schweden die Vorherrschaft im baltischen Raum innehatte.

Im Jahr 1900 hatte Stockholm erst knapp 350.000 Einwohner, doch schon damals gab es die ersten Pläne für eine unterirdische Bahn, weil durch die besondere geographische Lage der öffentliche Verkehr immer schwieriger wurde. Heute hat die Stadt selbst 758.000 Einwohner; in dem von der Tunnelbana erschlossenen Gebiet (Stockholm, Solna, Sundbyberg, Huddinge, Botkyrka, Danderyd) leben 1.041.000 Menschen. Der ganze Landkreis (Stockholms län), der von Norden nach Süden eine Ausdehnung von 180 km (6500 km^2) erreicht, hat eine Bevölkerung von etwa 1,8 Mio. Dieses Gebiet (außer Norrtälje) wird größtenteils durch den Pendeltåg erschlossen.

Allgemeine Einführung

Stockholm kann zweifellos stolz sein auf eines der größten und besten Schienennahverkehrsnetze Europas. Es besteht aus verschiedenen Arten von Bahnen, was die Stadt für den Nahverkehrsfreund besonders interessant macht: Tunnelbana, Pendeltåg, Lokalbahnen, Stadtbahn und Straßenbahn.

1967 wurde die Gesellschaft ‚AB Storstockholms Lokaltrafik‘ (SL – Großstockholmer Lokalverkehr) gegründet mit dem Ziel, die einzelnen Verkehrsbetriebe zu vereinen. Bald darauf wurde auch ein einheitliches Tarifsystem geschaffen. Seitdem hat Stockholm ein relativ günstiges und gut organisiertes Nahverkehrssystem, auch nachdem in den späten Neunziger Jahren der Betrieb auf verschiedene Privatfirmen übertragen worden ist.
Im Jahre 2004 kostet ein 24-Stunden-Ticket 95 schwedische Kronen (SEK), ein 72-Stunden-Ticket 180 SEK und eine 30-Tage-Karte 600 SEK. Netzkarten werden auch als 4-Monatskarten oder Jahreskarten angeboten. Alle Netzkarten gelten innerhalb des gesamten Stockholms län (Landkreis), auch auf den Djurgården-Fähren. Die Fahrgäste müssen dabei nicht auf oft schwer verständliche Tarifzonen achten, wie sie in anderen europäischen Städten meist üblich sind. Einzelfahrscheine gibt es als sogenannte ‚Kuponger‘. Eine Fahrt mit der Tunnelbana kostet 2–4 Kuponger, d. h. 30–60 SEK (im Vorverkauf 14,50–29 SEK), abhängig von der Anzahl der durchfahrenen Zonen. Die Pendeltåg-Stationen Bålsta und Gnesta liegen außerhalb des Stockholms län und kosten 2 Kuponger extra. [April 2004: 100 SEK = 10,97 EUR]

Tunnelbana

Das Netz der Stockholmer U-Bahn, der sogenannten Tunnelbana (oder kurz T-banan), hat eine Gesamtlänge von 105,7 km mit 100 Stationen (davon sind 4 Umsteigestationen). Es ist somit nach London (415 km), Moskau (270 km), Madrid (228 km), Paris (212 km) und Berlin (144 km) das sechstgrößte in Europa, im Verhältnis zur Einwohnerzahl der Stadt kann man es allerdings als das längste bezeichnen. Von Anfang an wurde großer Wert auf die Gestaltung der unterirdischen Räume gelegt. Künstler wurden zur Mitarbeit eingeladen, ein Konzept, das bei den Bahnhöfen der Blauen Linie in den Siebziger Jahren seinen Höhepunkt erreichte. Gegenwärtig wird die Tunnelbana von Connex betrieben. Sie verkehrt von 5:00 (Sa & So 6:00) bis ca. 0:30; Freitag und Samstag nachts fährt sie auf allen Ästen alle 30 Minuten bis ca. 3:30.

Die Tunnelbana entstand aus dem ehemaligen Straßenbahnnetz. 1877 tauchten auf den Stockholmer Straßen die ersten Pferdestraßenbahnen auf, ab 1887 gab es auf Södermalm zwischen Slussen und Hornstull sogar eine Dampfstraßenbahn. Ab 1901 wurden sowohl Pferde als auch Dampf durch Elektrizität ersetzt. Einige Jahre später begann die Gesellschaft ‚Södra Förstadsbanan‘ von Liljeholmen aus Vorortstraßenbahnen Richtung Hägerstens allé, Tellusborg und Midsommarkransen zu betreiben. Nachdem sie 1915 endlich die Liljeholmbrücke überqueren konnten, erreichten sie schließlich 1922 Slussen. Etwa zur selben Zeit schuf ‚Stockholms Södra Spårvägsaktiebolag‘ ein Netz von Vorortstraßenbahnen von Södermalm Richtung Süden nach Enskede.
1920 gingen alle Straßenbahnbetriebe in der Gesellschaft ‚AB Stockholms Spårvägar‘ auf und es entstanden die ersten Pläne für eine unterirdische Verbindung zwischen den südlichen und den westlichen Vorortlinien. Der Bau des sogenannten Katarina- bzw. Södertunnels von Slussen bis Skanstull begann 1931, die Strecke wurde am 1. Oktober 1933 eröffnet. Entlang des 1370 m langen und 7,5 m breiten Tunnelstücks entstanden zwei U-Bahnhöfe, Södra Bantorget (heute **Medborgarplatsen**) und Ringvägen (heute **Skanstull**). Der nördliche 400 m lange Abschnitt des Tunnels wurde

The Swedish capital, Stockholm, is situated in the east of the country, where Lake Mälaren meets the Baltic Sea. The city is spread out over a large number of islands, with the city centre being located in Gamla Stan (Old Town), Kungsholmen (King's Island) and Södermalm (southern island) and the Norrmalm/Östermalm/Vasastan area in the north. Although the salty waters reaches the heart of the city, the open sea is hidden behind thousands of islands of the beautiful archipelago Skärgården. The city was founded by Birger Jarl in 1252 and experienced its most prosperous time during the 17th century, when Sweden dominated most of the Baltic region.

The first proposals for an underground railway appeared as early as 1900, although Stockholm had only 350,000 inhabitants, but due to its geographical setting public transport was becoming more and more difficult. Today the city proper has a population of 758,000, while the area served by the Tunnelbana (Stockholm, Solna, Sundbyberg, Huddinge, Botkyrka, Danderyd) has 1,041,000 inhabitants. About 1.8 million live in the entire county (Stockholms län), which extends 180 km from north to south (6500 km^2) and is mostly served by the Pendeltåg (except for Norrtälje).

General Introduction

Stockholm certainly boasts one of Europe's most extensive and most attractive urban rail networks, which consists of many different types, thus making it especially interesting for the urban rail aficionado: Tunnelbana, Pendeltåg, local railways, light rail and tram.

In 1967, AB Storstockholms Lokaltrafik (SL – Greater Stockholm Local Transport) was founded in order to integrate all public transport. Soon all rail and bus companies were amalgamated in SL, and a common fare system was introduced. Ever since, SL has offered a relatively cheap and well-organised transport system, which did not change after operation was handed over to private companies in the late 1990's.
As of 2004, a 24-hour ticket is 95 Swedish Crowns (SEK), a 72-hour ticket 180 SEK and a 30-day ticket 600 SEK. Season tickets are also available for 4 months or a year, and are valid throughout Stockholms län, including the Djurgården ferries, without the difficult zones common in most European cities. Single tickets are available as 'coupon tickets' (kuponger). A ride on the Tunnelbana would cost 2 – 4 coupons, i. e. 30 – 60 SEK (14.50 – 29 SEK if bought in advance), depending on the zones travelled through. Bålsta and Gnesta stations (Pendeltåg) are located outside Stockholms län and cost an extra 2 kuponger. [April 2004: 100 SEK = 10.97 EUR]

Tunnelbana

The Stockholm metro, the so-called Tunnelbana [tunnel railway; also referred to as T-banan], has a total length of 105.7 km with 100 stations (of which 4 are transfer stations). The metro network is the sixth largest in Europe after London (415 km), Moscow (270 km), Madrid (228 km), Paris (212 km) and Berlin (144 km), but in relation to the city's population it can be considered the most extensive. Since the beginning, a lot of effort has been put into creating interesting underground spaces. Artists were invited to contribute to the stations' design, a concept which culminated in the 1970's stations on the Blue Line. At present, the Tunnelbana is run by Connex and operates from 05:00 (Sat & Sun 06:00) until around 00:30; on Friday and Saturday nights, service is extended until around 03:30 (a train every 30 minutes on each branch).

The Tunnelbana emerged from the former tram network. In 1877, the first horse-drawn tramways appeared in the city, and from 1887 there was also a steam-driven tram on Södermalm between Slussen and Hornstull, until horses and steam were replaced by electricity from 1901 onwards. Some years later, Södra Förstadsbanan began operating suburban tramways from Liljeholmen towards the southwest to Hägerstens allé, Tellusborg and Midsommarkransen; after crossing the Liljeholm Bridge in 1915, these lines eventually reached Slussen in 1922. At the same time, Stockholms Södra Spårvägsaktiebolag created a network of suburban tramways on Södermalm and, from there, further south to Enskede.
After all the tramway companies operating in Stockholm had been amalgamated in AB Stockholms Spårvägar in 1920, the first plans appeared for an underground route to link the southern suburban lines to the western lines via Gamla Stan. Construction of the so-called „Katarinatunneln" or „Södertunneln" from Slussen to Skanstull began in 1931, and the underground link opened on 1 Oct 1933. The 1370 m long and 7.5 m wide tunnel included two underground stations, Södra Bantorget (now ***Medborgarplatsen****) and Ringvägen (now* ***Skanstull****). The northernmost 400 m of the tunnel was built into rock, whereas the rest is a concrete tunnel just below street level. The terminus at* ***Slussen*** *used to be an open*

Gröna Linjen

❶ Zwischen Slussen und **Gamla stan** hat man eine wunderbare Aussicht über die Altstadt.

❷ Blick Richtung Westen über die Hügel von Södermalm.

❸ Detail des Bahnhofs **Slussen**.

❹❺ Die ältesten U-Bahnhöfe **Medborgarplatsen** und **Skanstull**, in Betrieb seit 1933.

❶ *Between Slussen and* ***Gamla stan*** *you can enjoy a wonderful view of the old town.*

❷ *View towards the west over the hills of Södermalm.*

❸ *Detail of* ***Slussen*** *station.*

❹❺ *The oldest underground stations,* ***Medborgarplatsen*** *and* ***Skanstull****, opened in 1933.*

❶ Eingang zum Bahnhof **T-Centralen** im Herzen des modernen Stadtzentrums.

❷–❺ Details der oberen Ebene des gemeinsamen Bahnhofs **T-Centralen** der Grünen und der Roten Linie. Ein Stockwerk tiefer fahren die beiden Linien in der Gegenrichtung, diese Ebene wurde vergleichsweise sehr schlicht gehalten.

❶ *Entrance to* ***T-Centralen*** *station in the heart of the modern city.*

❷–❺ *Details of the upper level of the common Green Line and Red Line* ***T-Centralen*** *station. One level deeper, trains run in the opposite direction in a very simple station.*

in Fels gebaut, während der Rest in offener Bauweise als Betontunnel ausgeführt wurde. Die Endstation **Slussen** lag im Freien, sie wurde erst in den Sechziger Jahren, lange nach Umstellung auf Tunnelbana-Betrieb, abgedeckt. In Slussen wendeten die Tramlinien 8 nach Skarpnäck (über Enskede) und 19 nach Örby in einer Schleife. Die Örbybahn verlief größtenteils auf eigenem Gleiskörper, sie hatte jedoch mehrere Bahnübergänge.

Kaum verkehrten die südlichen Vorortbahnen durch den Södertunnel, wurden die westlichen Linien, die von Tegelbacken über Kungsholmen fuhren, über die neue Tranebergbrücke (1934) in das Gebiet von Alvik geführt. 1944 wurde dann eine völlig unabhängig trassierte Strecke von östlich der heutigen Station Thorildsplan bis zur heutigen Station Islandstorget in Ängby in Betrieb genommen. Diese Strecke wurde bereits in Hinsicht auf die spätere Umstellung auf U-Bahnbetrieb ausgelegt.

Schon 1941 war die Entscheidung darüber gefallen, dass die unterirdische Innenstadtverbindung auch die Gebiete von Vasastan und Norrmalm erschließen sollte, denn zu jener Zeit konnte man nicht davon ausgehen, dass es eines Tages mehr als eine U-Bahnstrecke geben sollte. So entstand die halbkreisförmige Linienführung über Odenplan. Gegen Ende des zweiten Weltkriegs hatte die Bevölkerung Stockholms stark zugenommen, so dass man die Fahrgastprognosen revidierte und das Projekt zugunsten einer Vollmetro anstatt einer Stadtbahn änderte. Die Bahnhöfe sollten nun mit 145 m langen Bahnsteigen im Vergleich zu den 110 m langen in den bereits im Betrieb befindlichen Stationen angelegt werden. Der zentrale Abschnitt zwischen Hötorget und Slussen sollte zuerst gebaut werden, jedoch lagen 1945 dafür keine detaillierten Planungen auf dem Tisch, so dass man mit dem Bau des Abschnitts Fridhemsplan – Hötorget begann. In der Zwischenzeit wurde 1946 im Süden die 32 m hohe und 574 m lange Skanstullbrücke eröffnet. Von diesem Zeitpunkt an fuhr die Linie 8 nach Skarpnäck über die spätere Tunnelbana-Strecke von Gullmarsplan bis Blåsut.

I. **Gröna linjen – Grüne Linie**

Der Abschnitt der Straßenbahnlinie 8 von Johanneshov (heute **Gullmarsplan**) bis Blåsut ging am 1. Oktober 1950 in der ersten Tunnelbana-Strecke nach **Hökarängen** (Linie 18) auf, wo zu dieser Zeit ein neues Wohngebiet gebaut wurde. Ein Jahr lang endete hingegen die Örbybahn (Linie 19) in Johanneshov, wo die Fahrgäste in die neue Linie 19T nach Slussen umsteigen mussten. Ab 1951 fuhr auch die Linie 19 als Tunnelbana-Linie zwischen Slussen und **Stureby**, der restliche Abschnitt bis Örby wurde geschlossen. Stattdessen wurde bis 1954 eine Verlängerung von Stureby bis **Högdalen** gebaut.
1952 wurde auch die westliche Vorortstraßenbahn nach Ängby auf Tunnelbana-Betrieb umgestellt. Sie verkehrte fortan von Kungsgatan (heute **Hötorget**) bis zu einem provisorischen Bahnhof in **Vällingby**. Die innerstädtische Verbindung zwischen Hötorget und Slussen konnte erst fünf Jahre später fertig gestellt werden. Auf diesem schwierigen Abschnitt liegt zwischen **Slussen** und **Gamla stan** eine 5-gleisige Brücke, die teilweise die frühere Eisenbahnbrücke ersetzte, welche zusammen mit einer Straßenbrücke etwas weiter westlich neu errichtet wurde. Die Tunnelbana-Brücke wurde mit fünf Gleisen versehen, um später einen getrennten Betrieb von zwei Linien durchführen zu können. Das mittlere Gleis dient als Abstellanlage und als Gleisverbindung zwischen beiden Linien. Der Abschnitt zwischen Gamla stan und T-Centralen wurde mit Senkkästen und durch Bodenvereisung im Bereich Tegelbacken gebaut.

Außer zwei kurzen Verlängerungen (Farsta strand – 1971, Skarpnäck – 1994) wurde die Grüne Linie in nur 10 Jahren fertig gestellt. Sie hat eine Gesamtlänge von 41,5 km und wird mit drei Linien betrieben:
17 **Skarpnäck – Åkeshov** (endet nach 20:30 in Odenplan)
18 **Farsta strand – Alvik** (15:30 – 18:30 weiter bis Vällingby)
19 **Hagsätra – Hässelby strand**
Alle 3 Linien haben einen 10-Minuten-Grundtakt. Auf dem zentralen Abschnitt der Grünen Linie herrscht mit einem 3,5-Minutenintervall tagsüber der dichteste Takt aller Tunnelbana-Strecken. Während des morgendlichen Berufsverkehrs (7:30 – 8:30) fahren außerdem Verstärkerzüge, so dass auf dem mittleren Abschnitt ein 2-Minuten-Takt entsteht.

I. 1) **Mittlerer Abschnitt** (10,3 km) von Alvik bis Gullmarsplan:

Auf dem mittleren Abschnitt liegt der 5 km lange Tunnel durch Kungsholmen und Norrmalm sowie der 1,4 km lange Tunnel in Södermalm. Während die westlichen und südlichen Äste der Linie eher den Charakter einer Vorortbahn aufweisen, wird der mittlere Abschnitt auch bevorzugt für Wege innerhalb des Stadtzentrums genutzt. Von **Alvik** ausgehend, wo man zur Nockebybahn und zur neuen Tvärbana umsteigen kann, überquert die Grüne Linie die Tranebergbrücke, von wo aus man einen herrlichen Ausblick über den Tranebergssund genießen kann. Es geht weiter im Mittelstreifen des Drottningholmsväg durch die oberirdischen Stationen **Kristineberg** und **Thorildsplan**. Die Strecke fällt nun ab unter dem Lindhagensplan und verschwindet etwa auf halbem Weg zwischen Thorildsplan und Fridhemsplan im Tunnel. **Fridhemsplan** ist der einzige Bahnhof auf diesem Abschnitt, der im Fels gebaut wurde. An dieser stark frequentierten

station and was only covered in the 1960's, well after conversion to Tunnelbana operation. Here tram lines 8 to Skarpnäck (via Enskede) and 19 to Örby used to turn around in a loop. The Örby line ran mainly on its own right-of-way with some level crossings.
Soon after the southern tramway lines had begun using the Södertunnel, the western lines starting from Tegelbacken and serving Kungsholmen were extended across the new Traneberg Bridge (1934) to the Alvik area. In 1944, a totally segregated tram route was built from just east of what is now Thorildsplan station to the current Islandstorget station in Ängby. This line was designed with future Tunnelbana operation in mind, and was thus comparable to a premetro.

A decision had already been taken in 1941 to build a central underground link that would also cover most parts of Vasastan and Norrmalm, simply because at that time no-one considered it likely that more than one line would be built. For this reason, a semicircular alignment via Odenplan was chosen. By the end of World War II, Stockholm's population had increased so heavily that passenger forecasts were revised and the project was changed from a light rail type Tunnelbana to a full metro with 145 m long platforms, compared to the 110 m of the two underground stations already in use at the time. The cross-city link from Hötorget to Slussen was given priority, but by 1945 no detailed plans were yet available, so construction started on the Fridhemsplan – Hötorget section instead. Meanwhile in the south, the new 32 m high and 574 m long Skanstull Bridge opened in 1946. From then on, tram line 8 to Skarpnäck was redirected along a new route from Gullmarsplan to Blåsut along the future Tunnelbana alignment.

*I. **Gröna linjen – Green Line***

*The section of tram route 8 between Johanneshov (now **Gullmarsplan**) and Blåsut became part of the first Tunnelbana (line 18) opened on 1 Oct 1950 to **Hökarängen**, where a new town was under development. For one year, the Örby tram (line 19) terminated at Johanneshov, from where a new line 19T offered a shuttle service to Slussen. In 1951, line 19 also began operating as a Tunnelbana line from Slussen to as far as **Stureby**, the remaining section to Örby being abandoned. Instead, an extension south from Stureby to **Högdalen** was built by 1954.*
*In 1952, the western tram line to Ängby was converted to Tunnelbana operation from Kungsgatan (now **Hötorget**) to a provisional station at **Vällingby**. Only five years later the cross-city link between Slussen and Hötorget was ready. This difficult section includes a 5-track bridge between **Slussen** and **Gamla stan** stations, partly replacing a former railway link, which was rebuilt together with the Central Road Bridge a bit further west. The Tunnelbana bridge was laid out with five tracks to allow for the separate operation of a second line, which would be built later. The central track can be used to stable trains temporarily and as a link between both lines. The section between Gamla stan and T-Centralen under Norrström was built by sinking caissons and freezing the soil at Tegelbacken.*

Except for two short extensions (Farsta strand – 1971, Skarpnäck – 1994), the Green Line was completed only 10 years after opening its first segment. It has a total length of 41.5 km and consists of three routes:
*17 **Skarpnäck – Åkeshov** (terminating at Odenplan after 20:30)*
*18 **Farsta strand – Alvik** (continuing to Vällingby 15:30–18:30)*
*19 **Hagsätra – Hässelby strand***
All 3 routes operate a basic 10-minute headway. The central section of the Green Line offers the highest frequency of all Tunnelbana sections, with a train every 3–4 minutes during normal daytime. Extra trains are offered during morning rush hours (07:30–08:30), giving a 2-minute interval on the central section.

*I. 1) **Central segment** (10.3 km) from Alvik to Gullmarsplan:*

*The central section includes the 5 km tunnel under Kungsholmen and Norrmalm and the 1.4 km tunnel under Södermalm. Whereas the western and southern branches have a more suburban character, the central section is heavily used for trips within the city centre. Starting from **Alvik**, where interchange is possible with both the Nockebybana and the new Tvärbana, the line then crosses the Traneberg bridge, offering excellent views over the Tranebergssund. It continues in the middle strip of Drottningholmsvägen through the surface stations **Kristineberg** and **Thorildsplan**, before dipping under Lindhagensplan and entering the tunnel section halfway between Thorildsplan and Fridhemsplan, the latter being the only station built in rock along the central underground section. At **Fridhemsplan**, which is among the busiest stations on the network, interchange is provided with the newer Blue Line through a relatively long tunnel with travelators. Between Fridhemsplan and **S:t Eriksplan**, the Tunnelbana runs on the lower level of Sankt Eriks Bridge across Karlbergssjön and Barnhusviken, the stretch of water separating Kungsholmen from Norrmalm, and across the mainline railway tracks heading north from the Central Station. When the bridge was rebuilt in 1935–37, the lower deck was added in preparation for the Tunnelbana, showing considerable foresight.*
*West of **Odenplan** station, a branch was initially planned to run towards Solna, which was later given up in favour of the Blue Line. In the future, a branch may be built to Karolinska sjukhuset, an important hospital complex, with an*

1

Gröna Linjen

❶ **Hötorget** (anfangs Kungsgatan) war von 1952 bis 1957 Endstation der westlichen Grünen Linie. Die Lichtinstallation an der Decke wurde in den Neunziger Jahren angebracht.

❷ **Rådmansgatan** gehört zu den in offener Bauweise errichteten U-Bahnhöfen auf dem zentralen Abschnitt der Grünen Linie.

❸ In wenigen Jahren wird man am Bahnhof **Odenplan** in den Pendeltåg umsteigen können.

❹ Im Bahnhof **S:t Eriksplan** fahren die Züge Richtung Süden aufgrund der halbkreisförmigen Linienführung durch Vasastan eigentlich nach Norden.

2

❶ ***Hötorget*** *(formerly Kungsgatan) was the terminus of the western Green Line from 1952 to 1957. The light installation on the ceiling was added in the 1990's.*

❷ ***Rådmansgatan*** *is one of the cut-and-cover stations on the central stretch of the Green Line.*

❸ *In a few years, interchange with the Pendeltåg will be possible at* ***Odenplan****.*

❹ *At* ***S:t Eriksplan****, southbound trains actually go north due to the semi-circular alignment of the line through Vasastan.*

3

4

Gröna Linjen

Der westliche Abschnitt der Grünen Linie verläuft fast zur Gänze oberirdisch.

The western section of the Green Line runs almost entirely on the surface.

❶ **Abrahamsberg**

❷ **Blackeberg**
Der Zug kommt aus dem kurzen Tunnelabschnitt.

Train leaving the short tunnel stretch.

❸ **Johannelund**

❹ **Johannelund**
– einzige Station mit Seitenbahnsteigen

– only station with side platforms

❺ **Hässelby strand**

Station kann man durch einen langen Tunnel mit Fahrsteigen zur Blauen Linie umsteigen. Zwischen Fridhemsplan und **S:t Eriksplan** überquert die Tunnelbana auf der unteren Ebene der Sankt-Eriks-Brücke sowohl das Gewässer zwischen dem Karlbergssjö und dem Barnhusvik wie auch die Eisenbahngleise, die zum etwas südlicher gelegenen Hauptbahnhof führen. Als diese Brücke 1935–37 umgebaut wurde, dachte man bereits an eine spätere Nutzung durch eine Schnellbahn.
Westlich der Station **Odenplan** war ursprünglich ein Abzweig Richtung Solna geplant. Dieses Gebiet wurde aber später durch die Blaue Linie erschlossen. In Zukunft könnte aber eine Zweiglinie zum Karolinska sjukhus, einem wichtigen Krankenhaus, mit einer Zwischenstation (Norra station) gebaut werden. In den nächsten Jahren wird am Odenplan eine Station an der bereits beschlossenen Pendeltåg-Tunnelverbindung entstehen.
Nach Odenplan verläuft die Tunnelbana entlang größerer Straßen, wobei die Stationen in einer geringen Tiefe von 8–10 m gebaut wurden. Sie haben ein Zwischengeschoss und Zugänge auf beiden Straßenseiten, manche davon integriert in angrenzenden Gebäuden.
Der doppelstöckige U-Bahnhof **T-Centralen** war Teil einer umfassenden Umgestaltung des Stadtzentrums. Dazu wurden viele alte Gebäude im Viertel Klara abgerissen, um Platz zu schaffen für ein modernes Stadtzentrum rund um den Sergels Torg mit seinen fünf charakteristischen Hochhäusern am Sveaväg. Die obere Ebene des Bahnhofs wird von der Grünen Linie Richtung Norden und von der Roten Linie Richtung Süden benutzt. Die untere, weniger ausgestaltete Ebene dient der jeweiligen Gegenrichtung. Die Tunnelbana-Station liegt zwischen dem Hauptbahnhof (150 m langer Korridor) und dem Sergels Torg. Von der unteren Ebene wurde in den Siebziger Jahren ein 110 m langer Umsteigetunnel zur 29 m tiefen Blauen Linie gebaut.
Nach T-Centralen verlaufen die Grüne und die Rote Linie parallel bis Slussen, dabei kann man sowohl in **Gamla stan** als auch in **Slussen** am selben Bahnsteig in gleicher Richtung umsteigen. Die Grüne Linie benutzt hier die äußeren Gleise. Der Bahnhof Gamla stan liegt teilweise unter der zentralen Straßenbrücke, nur der südliche Teil des Bahnsteigs liegt im Freien. Der kurze Abschnitt (400 m) zwischen Gamla stan und Slussen wird auf einer 172 m langen 5-gleisigen Brücke zurückgelegt. In Slussen schließt die Grüne Linie an die erste Tunnelbana-Strecke durch Södermalm an. Die beiden U-Bahnhöfe **Medborgarplatsen** und **Skanstull** wirken heute im Vergleich zu den anderen Stationen etwas eng. Südlich von Skanstull taucht die Tunnelbana aus dem Tunnel auf und überquert auf der 32 m hohen Skanstullbrücke den Årstavik, das Gewässer zwischen Södermalm und dem Festland. Die Grüne Linie erreicht nun Gullmarsplan – dieser Bahnhof war bereits seit 1946, als die Skanstullbrücke eröffnet wurde, als Tramhaltestelle (damals Johanneshov) in Betrieb. **Gullmarsplan** ist ein wichtiger Umsteigepunkt zu den Buslinien Richtung Süden. Hier befindet sich auch die Leitzentrale der Grünen Linie. Seit dem Jahr 2000 hält parallel zur Tunnelbana auch die Tvärbana, Stockholms neue Stadtbahn.

I. 2) **Der westliche Abschnitt** (10,6 km) von Alvik bis Hässelby strand:

Dieser Abschnitt liegt vorwiegend auf einem Damm mit einigen Viadukten. Er wurde 1944 zwischen Thorildsplan und Islandstorget für den Tunnelbana-Vorlaufbetrieb eröffnet. Bei der Umstellung auf Tunnelbana 1952 wurde der Halt Traneberg, der zwischen der Tranebergbrücke und dem Bahnhof Alvik lag, aufgelassen. In **Alvik** hat die Nockebybahn zwei eigene Gleise zwischen den Gleisen der Tunnelbana, so dass man hier bequem im Richtungsbetrieb umsteigen kann. Im Jahr 2000 wurde auf Straßenniveau die vorläufige Endstation der Tvärbana in Betrieb genommen, Alvik wurde somit zu einem wichtigen Umsteigeknoten im Westen der Stadt.
Die Strecke nach Hässelby verläuft vollkommen an der Oberfläche, abgesehen von einem 600 m langen Felstunnel zwischen den Bahnhöfen **Islandstorget** und **Blackeberg**. Etwa ein Drittel des Bahnhofs Blackeberg liegt auch noch im Tunnel. Zwei Jahre lang hielten die Züge in **Vällingby** an einem provisorischen Bahnhof in der Nähe der Tunnelbana-Betriebswerkstatt, bis der endgültige Bahnhof unter dem Kirunaplan, an dem sich mehrere Geschäfte befinden, fertig gestellt wurde. **Johannelund** ist der einzige Bahnhof der Tunnelbana mit Seitenbahnsteigen. Mit 1300 Fahrgästen pro Tag ist es auch der am wenigsten frequentierte; bis 1997 war er nur während der Hauptverkehrszeiten geöffnet. In **Hässelby gård** gab es die ersten zwei Jahre ebenfalls nur einen provisorischen Bahnsteig, bis die Strecke nach **Hässelby strand** verlängert wurde. Der Endbahnhof befindet sich nur etwa 300 m vom Mälarsee, einem großen See mit Hunderten Inseln westlich von Stockholm.

I. 3) **Der Hagsätra-Ast** (7,7 km):

Der Hagsätra-Ast verläuft von **Gullmarsplan** bis **Stureby** entlang einer ehemaligen Vorortbahn. Die sogenannte Örbybahn, die 1930 eröffnet wurde, verkehrte vorwiegend auf eigener Trasse, sie hatte aber mehrere Bahnübergänge, die alle durch Viadukte ersetzt wurden, bevor 1951 der Tunnelbana-Betrieb aufgenommen werden konnte. Zwischen Gullmarsplan und **Globen** (anfangs Slakthuset und von 1958 bis 1989 Isstadion) fährt die Grünen Linie parallel zur Tvärbana. ‚Globen' ist eine riesige Kugel, in der bei Großveranstaltungen 16.000 Menschen Platz finden; daneben befinden sich das Eisstadion, das Südstadion und ein großes Einkaufszentrum. Die nächsten Stationen liegen alle in einem wenig

intermediate station at Norra station. In the near future, a transfer station for the new Pendeltåg cross-city tunnel will be built at Odenplan.
After Odenplan, the Tunnelbana follows major streets, with stations lying at a shallow depth of 8–10 m below street level, each with a mezzanine, and entrances on either side of the street, some entrances being integrated into adjacent buildings.
*At **T-Centralen**, the construction of the huge underground station was part of an immense redevelopment of the city centre, which unfortunately necessitated the demolition of many old buildings in the Klara district to make room for a modern city centre around Sergels Torg, with its five characteristic towers in Sveavägen. The upper level of this station is served by Green Line northbound and Red Line southbound trains, whereas the lower, less decorated level is used for travel in the opposite directions for each line. The Tunnelbana station is located between the Central Railway Station (connected by a 150 m corridor) and Sergels Torg. From the lower level, a 110 m transfer corridor towards the 29 m deep Blue Line station was excavated in the early 1970's.*
*After T-Centralen, the Green and Red Lines run parallel all the way to Slussen, with cross-platform interchange in the same direction both at **Gamla stan** and at **Slussen**, with the Green Line using the outer tracks. Gamla stan station is located partly under the Central Road Bridge, the southern ends of the platforms being in the open air. The short distance of only 400 m between Gamla stan and Slussen is covered on a 172 m long 5-track bridge. At Slussen the Green Line reaches the original Tunnelbana link through Södermalm, going through two relatively narrow stations at **Medborgarplatsen** and **Skanstull**. South of Skanstull, the Tunnelbana emerges from the tunnel and runs on the 32 m high Skanstull Bridge across Årstaviken, which separates Södermalm from the mainland. The Green Line has now reached Gullmarsplan station, which had been in use as a tram stop from 1946 (then Johanneshov), when the Skanstull Bridge was opened. **Gullmarsplan** is both a busy transfer station where many bus routes terminate and the location of the Green Line's control centre. Since 2000, Tvärbanan, Stockholm's new light rail line, has also stopped there.*

*I. 2) **The western section** (10.6 km) from Alvik to Hässelby strand:*

*This section was built mostly on an embankment with some viaducts, and opened for tram service in 1944 from Thorildsplan to Islandstorget. When the line was converted to Tunnelbana operation in 1952, the Traneberg stop, which used to be between the Traneberg Bridge and Alvik station, was closed. At **Alvik**, Nockebybanan has two separate tracks between the Tunnelbana tracks, thus allowing comfortable cross-platform interchange. In 2000, the terminus for Tvärbanan opened at street level, making Alvik station a major interchange in western Stockholm. The entire route to Hässelby is on the surface, except for a 600 m rock tunnel between **Islandstorget** and **Blackeberg**, with one third of the latter station also in the tunnel. At **Vällingby**, a provisional station near the Tunnelbana depot was used for the first two years until the permanent station was finished under Kirunaplan, a square with shopping facilities. **Johannelund** is the only Tunnelbana station with side platforms; with only 1,300 daily passengers it is also the least used of the network and, until 1997, it was actually only open during peak hours. At **Hässelby gård**, a provisional station was also in use for the first two years. The terminus at **Hässelby strand** is only some 300 m from Mälaren, the large freshwater lake with hundreds of small and big islands that lies west of Stockholm.*

*I. 3) **The Hagsätra branch** (7.7 km):*

*The Hagsätra branch follows a former suburban tram route from **Gullmarsplan** to **Stureby**. The so-called Örbybana, which opened in 1930, ran mostly on its own right-of-way, but had several level crossings, which were eliminated by building viaducts when the route was converted to Tunnelbana operation in 1951. Between Gullmarsplan and **Globen** (initially called Slakthuset and from 1958–89 Isstadion), the Tvärbana runs parallel to the Green Line. 'The Globe' is a huge spherical venue for 16,000 people, surrounded by the Ice Stadium, the Southern Stadium and a large shopping mall called Globen City. The following stations are all located in sparsely built-up suburban neighbourhoods, resulting in relatively low passenger numbers. From Stureby the Green Line runs southwards on a new alignment to **Högdalen**, which is the busiest of all stations on this branch. A provisional station was in use from 1954–57. The permanent station has three tracks and two island platforms, allowing some trains to terminate there. From the station there is a link to the Högdalen depot. Between Högdalen and **Rågsved**, the Tunnelbana crosses over the Pendeltåg line to Nynäshamn, but although there used to be a train station at this point from 1929 until 1948, no provision for transfer between the two systems was made. The line terminates at **Hagsätra**, with an option for an extension towards the Pendeltåg station at Älvsjö, located by the Stockholm Fairgrounds.*

Gröna Linjen

❶ Die südlichen Äste der Grünen Linie laufen in **Gullmarsplan** zusammen. Über dem U-Bahnhof befindet sich ein großer Busbahnhof.

❷ Einfahrt in den Bahnhof **Sockenplan**.

❸❹ Moderne Kunst auf dem Bahnsteig in **Bandhagen** und **Högdalen**.

❺ In **Skärmarbrink** verzweigen sich die Strecken nach Farsta und Skarpnäck.

❶ *The southern branches of the Green Line converge at **Gullmarsplan**. Above the station is a large bus terminal.*

❷ *Approaching **Sockenplan** station.*

❸❹ *Modern art on the platforms at **Bandhagen** and **Högdalen**.*

❺ *At **Skärmarbrink** the Farsta and Skarpnäck branches split.*

Gröna Linjen

❶ 1950 wurde die erste Tunnelbana-Strecke von Slussen bis **Hökarängen** in Betrieb genommen. Damals wurden hier auch die ersten Siedlungen errichtet.

❷ Die Endstation **Farsta strand** wurde erst später abgedeckt. Zur Pendeltåg-Station muss man etwa 300 m laufen.

❸ Der Bahnhof **Bagarmossen** lag anfangs zu ebener Erde. Er wurde im Zuge der Verlängerung der Linie tief im Fels neu gebaut.

❹ **Skarpnäck** ist der neueste U-Bahnhof Stockholms, er wurde 1994 eröffnet.

❶ In 1950, the first Tunnelbana line opened from Slussen to ***Hökarängen****. At that time, a new residential area was being built there.*

❷ The terminus at ***Farsta strand*** *was covered some years after opening. For the Pendeltåg station you need to walk some 300 m.*

❸ ***Bagarmossen*** *station lay at grade until 1994, when it was rebuilt in deep rock together with the extension to Skarpnäck.*

❹ ***Skarpnäck*** *is the newest underground station in Stockholm, opening in 1994.*

dicht bebauten Gebiet, weshalb auch die Fahrgastzahlen relativ niedrig sind. Von Stureby fährt die Grüne Linie auf einer neuen Strecke weiter nach Süden bis zum Bahnhof **Högdalen**, dem am meisten frequentierten dieses Astes. Hier war zwischen 1954 und 1957 ein provisorischer Bahnhof in Betrieb. Der heutige Bahnhof hat drei Gleise und zwei Mittelbahnsteige, da hier manche Züge enden. Vom Bahnhof gibt es eine Verbindung zur Högdalen-Betriebswerkstatt. Zwischen Högdalen und **Rågsved** überquert die Tunnelbana die Pendeltåg-Strecke nach Nynäshamn. Hier gab es zwischen 1929 und 1948 sogar eine Haltestelle, eine Umsteigemöglichkeit zwischen beiden Bahnen wurde aber nie in Erwägung gezogen. Vom Endbahnhof **Hagsätra** könnte eines Tages eine Verlängerung bis Älvsjö gebaut werden. Dort könnte man in den Pendeltåg umsteigen oder die Stockholmer Messe besuchen.

I. 4) **Der Farsta-Ast** (8,1 km):

Der mittlere der drei südlichen Äste bildete 1950 die erste Tunnelbana-Linie. Der kurze Abschnitt zwischen **Gullmarsplan** und **Blåsut** war bereits 1946 in Betrieb und wurde von der Tramlinie 8 nach Skarpnäck befahren. Die Zwischenstation Hammarby (seit 1958 **Skärmarbrink**) wurde später als Verzweigungsbahnhof umgebaut und erhielt zwei Mittelbahnsteige. Östlich des Bahnhofs Blåsut kann man die Hauptwerkstatt der Grünen Linie, die erste Betriebswerkstatt der Tunnelbana, sehen. Die Strecke verläuft weiter Richtung Süden vor allem auf Dämmen und erreicht ihren ursprünglichen Endpunkt **Hökarängen**, ein Wohngebiet, das zusammen mit der Tunnelbana entstand. Von 1958 bis 1960 hielt die Tunnelbana auch in **Farsta** an einem provisorischen Bahnsteig. Nach dem heutigen Bahnhof taucht die Grüne Linie in einen 500 m langen Felstunnel und erreicht die 1971 eröffnete Endstation **Farsta strand**. Dieser Bahnhof lag anfangs offen in einem Einschnitt und wurde erst später mit einer Betondecke abgedeckt. In Farsta strand kann man zum Pendeltåg umsteigen, auch wenn beide Bahnhöfe etwa 300 m voneinander entfernt liegen.

I. 5) **Der Skarpnäck-Ast** (5,1 km):

Auf dem östlichen Ast der Grünen Linie liegen drei oberirdische und zwei unterirdische Bahnhöfe. Der erste Abschnitt von **Skärmarbrink** bis **Hammarbyhöjden** wurde im April 1958 eröffnet, doch schon sieben Monate später fuhren die Züge bis zum Endbahnhof **Bagarmossen**, dem einzigen ebenerdigen Bahnhof der Tunnelbana. 36 Jahre später wurde der Bahnhof Bagarmossen in 19 m Tiefe völlig neu gebaut und die Strecke zum heutigen Endpunkt **Skarpnäck** verlängert. Dieser Bahnhof liegt 25 m unter dem Straßenniveau in einem Felsgewölbe.

Hökarängen

I. 4) ***The Farsta branch*** *(8.1 km):*

The central leg of the three southern branches was the first to begin Tunnelbana operation in 1950. The short section from ***Gullmarsplan*** *to just south of* ***Blåsut*** *had already been built in 1946 and was used by tram 8 to Skarpnäck. The intermediate station Hammarby (from 1958* ***Skärmarbrink****) was later rebuilt as a junction with four tracks and two island platforms. Before arrival at Blåsut station, the first Tunnelbana depot can be seen on the eastern side. The Hammarby depot is now the Green Line's main workshop. The line continues further south mostly on an embankment, and reaches the original terminus,* ***Hökarängen****, in a neighbourhood which was built at the same time as the Tunnelbana. From 1958 until 1960, when the definitive elevated station was completed, the line continued to a provisional stop at* ***Farsta****. After this station, the Green Line disappears into a 500 m long rock tunnel. The terminus station at* ***Farsta strand****, which opened in 1971, was initially an open station in a cutting, which was later covered with a concrete ceiling. At Farsta strand transfer is possible to the Pendeltåg, although the stations are some 300 m apart.*

I. 5) ***The Skarpnäck branch*** *(5.1 km):*

The eastern branch of the Green Line includes 3 surface and 2 underground stations. The first section from ***Skärmarbrink*** *to* ***Hammarbyhöjden*** *opened in April 1958, but only 7 months later the line reached the terminus* ***Bagarmossen****. This remained Stockholm's only station at grade for 36 years, after which it was totally rebuilt as a 19 m deep underground station and the line was extended to its current terminus* ***Skarpnäck****, a 25 m deep single space rock chamber station.*

Björkhagen

Röda Linjen

❶❷ **Hornstull** war einst ein Stadttor am Rande der Stadt, heute ist Södermalm ein beliebtes Wohngebiet in der Innenstadt.

❸ **Mariatorget** ist ein typischer U-Bahnhof der ersten Phase der Roten Linie. Die 145 m langen parallelen Bahnsteighallen wurden in einem Felsgewölbe gebaut. Der Bahnhof Stockholms södra liegt ca. 300 m südlich.

❹ Der Verzweigungsbahnhof **Liljeholmen** lag bis vor kurzem im Freien. Derzeit wird er überbaut, außerdem entsteht ein großer Busbahnhof. Vom westlichen Ausgang (im Bild) erreicht man die ‚Hissbana', am östlichen hält seit 2002 die Tvärbana.

❶❷ ***Hornstull*** *was once a city gate at the edge of town; today Södermalm is a popular neighbourhood in the inner city.*

❸ ***Mariatorget*** *is a typical underground station of the early Red Line. 145 m long and parallel platform halls were erected inside a rock chamber. Stockholms södra station lies some 300 m further south.*

❹ *The junction* ***Liljeholmen*** *was in the open until not very long ago. It has now been covered and a new bus terminal is being built. From the western exit shown in the picture, a short walk leads to the 'Hissbana', and at the eastern exit you can change to the Tvärbana.*

Röda Linjen

❶ Der U-Bahnhof **Midsommarkransen** ist mit einem traditionellen Mitsommerkranz geschmückt.

❷ Am **Telefonplan** erreicht die Tunnelbana die ehemalige Stadtbahnstrecke nach Fruängen.

❸ Endstation **Fruängen**.

❹ **Aspudden** und

❺ **Mälarhöjden** gehören zum Standardtyp der U-Bahnhöfe der Sechziger Jahre.

❶ ***Midsommarkransen*** *station is decorated with the traditional midsummer wreath.*

❷ *At* ***Telefonplan*** *the Tunnelbana reaches the former 'premetro' route to Fruängen.*

❸ ***Fruängen*** *terminus*

❹ ***Aspudden*** *and*

❺ ***Mälarhöjden*** *belong to the standard type of 1960's underground stations.*

II. **Röda linjen – Rote Linie**

Nachdem die erste Linie, die Grüne Linie, größtenteils in den Fünfziger Jahren gebaut worden war, kam in den Sechziger Jahren die Rote Linie an die Reihe. Während die Grüne Linie bis auf zwei spätere Verlängerungen nur im Stadtzentrum unterirdisch verkehrt, wurde die Rote Linie vorwiegend in Felstunneln angelegt, um so Strecken zu vermeiden, die spätere Stadtteile zerschneiden könnten. Die unterirdischen Bahnhöfe der Grünen Linie liegen in geringer Tiefe, die der Roten Linie hingegen wurden in 20–30 m Tiefe im Fels gebaut. Der Stockholmer Untergrund besteht hauptsächlich aus Graniten und Gneisen, die eine große Stabilität bieten. Die wichtigeren Stationen wurden mit zwei Ausgängen gebaut, sie verfügen außerdem im mittleren Bereich über einen Verbindungstunnel zwischen den getrennten Bahnsteighallen. Die anderen unterirdischen Bahnhöfe haben nur einen Ausgang, der sich in der Mitte der Bahnhofsanlage befindet.

Die Rote Linie hat eine Gesamtlänge von 39,7 km und wird mit zwei Linien betrieben:
13 **Norsborg – Ropsten** (26,6 km)
24 **Fruängen – Mörby centrum** (19,5 km)
Die Linie 13 verkehrt tagsüber alle 10 Minuten und während der Hauptverkehrszeiten (7:00–9:00, 16:00–18:30) alle 5 Minuten. Die Linie 24 verkehrt tagsüber zwischen Mörby centrum und Liljeholmen alle 5 Minuten, weiter nach Fruängen alle 10 Minuten (während der Hauptverkehrszeiten auch alle 5 Minuten).

II. 1) **Mittlerer Abschnitt** (6 km) von Liljeholmen bis Östermalmstorg:

Der Abschnitt zwischen Slussen und Hauptbahnhof wurde bereits in den Fünfziger Jahren gemeinsam mit der Grünen Linie gebaut. Hier laufen beide Strecken parallel, aber auf eigenen Gleisen. Von **Slussen** schwenkt die Rote Linie nach Westen unter dem Fernbahntunnel Richtung **Mariatorget**. Dieser Bahnhof liegt etwa 350 m von der Pendeltåg-Station Stockholms södra entfernt. In Södermalm erschließt die Rote Linie ein Gebiet, wo einst eine Dampfstraßenbahn fuhr. Die frühen Stationen der Roten Linie ähneln dem Bahnhof Fridhemsplan, der mehr als 10 Jahre vorher gebaut wurde. Wie die meist 2-gleisigen Tunnel wurden auch die Bahnhöfe aus dem Fels gesprengt, mit einer separaten 145 m langen Bahnsteighalle für jede Richtung. Anschließend wurde in dieser Felshöhle ein Stationsbauwerk aus Beton errichtet, das eine absolute Isolierung sichert. Wo es möglich war, wurden die Eingänge in anliegenden Gebäuden untergebracht. Dieser Stationstyp wurde in allen bis 1967 gebauten Bahnhöfen (außer Skärholmen) angewandt, also auch auf dem Ast nach Ropsten.
Der Name der letzten Station auf Södermalm, **Hornstull**, weist auf ein ehemaliges Stadttor (tull) hin. Während die Grüne Linie die Insel Södermalm auf einer Hochbrücke verlässt, unterquert die Rote Linie den Liljeholmsvik in einem 170 m langen Betontunnel. Dieser liegt 13 m unter der Wasseroberfläche, so dass noch eine Tiefe von 6,9 m für die Schifffahrt bleibt. Der Bahnhof **Liljeholmen** ist ein wichtiger Umsteigeknoten zu den Bussen und war ursprünglich ein offener Bahnhof, der erst kürzlich überbaut wurde. Im Bahnhof Liljeholmen befindet sich auch die Leitzentrale der Roten Linie. Seit dem Jahr 2000 hält hier auch die Tvärbana. Vom westlichen Ausgang des Bahnhofs kommt man zur 230 m langen Hissbana, die in den 38 m höher liegenden Stadtteil Nybohov führt. Dabei handelt es sich um einen Schrägaufzug (hiss ist Schwedisch für Lift), der in einem Felstunnel verkehrt. Gleich westlich des Bahnhofs Liljeholmen verzeigt sich die Rote Linie, ein weiteres Gleis führt zur Hauptwerkstatt der Roten Linie in Nyboda.

Im Norden verlässt die Rote Linie den Bahnhof **T-Centralen** von der unteren 8,9 m tiefen Ebene. Die eingleisigen Tunnel Richtung Östermalmstorg erreichen eine maximale Tiefe von 40 m und sind die einzigen runden, mit Betontübbings ausgekleideten Tunnel des Netzes. Diese Bauweise war hier aufgrund eines plötzlichen Einschnitts in der Felsoberfläche, über dem Kies lag, notwendig. Der Bahnhof **Östermalmstorg**, mit 38 m unter dem Straßenniveau der tiefste Bahnhof in Stockholm, ist von der Birger-Jarls-Gata und dem Östermalmstorg zugänglich und war 2 Jahre lang Endstation der Roten Linie. Hier wurden in den Sechziger Jahren Vorleistungen für einen dritten Bahnsteig in einer separaten Halle südlich des bestehenden ausgeführt, dieser Bahnsteig wurde aber nie fertig gestellt.

II. 2) **Der Fruängen-Ast** (4,7 km):

Die Züge Richtung Fruängen fahren nach Verlassen des Bahnhofs **Liljeholmen** unter dem Betriebsbahnhof Nyboda nach **Midsommarkransen**. Dieser Bahnhof ist mit einem Blumenkranz geschmückt, der an einen Brauch des schwedischen Mittsommerfestivals im Juni erinnert. Circa 100 m vor dem Bahnhof **Telefonplan** erreicht die Rote Linie wieder das Tageslicht. In dieser Gegend hat die bekannte Firma Ericsson ihren traditionellen Hauptsitz. 1946 wurde eine Straßenbahnstrecke auf einem Damm und in einem 400 m langen Tunnel von Telefonplan bis Personnevägen (heute **Hägerstensåsen**) gebaut, diese Strecke sollte später Teil des Tunnelbana-Netzes werden. Diese einer Premetro ähnli-

II. ***Röda linjen – Red Line***

With most of the Green Line being built in the 1950's, the following decade was dedicated to the second Tunnelbana system, the Red Line. Whereas the Green Line only runs underground in the city centre (and in two later extensions), the Red Line was designed to be mainly underground in deep rock tunnels, to avoid routes which might divide future neighbourhoods. While on the Green Line underground stations were not built very deep, most underground stations on the Red Line would be excavated in rock some 20–30 m deep. The Stockholm subsoil mostly consists of granite and gneiss, which offer good stability. Busier stations were built with two exits and a linking section between the two separate platform areas. Other underground stations were designed with only one exit located in the middle of the station complex.

The Red Line has a total length of 39.7 km and consists of two routes:
13 ***Norsborg – Ropsten*** *(26.6 km)*
24 ***Fruängen – Mörby centrum*** *(19.5 km)*
Route 13 operates every 10 minutes during normal daytime and every 5 minutes during peak hours (07:00–09:00, 16:00–18:30), whereas route 24 runs every 5 minutes between Mörby centrum and Liljeholmen during normal daytime, and every 10 minutes to Fruängen (peak hours every 5 minutes).

II. 1) ***Central segment*** *(6 km) from Liljeholmen to Östermalmstorg:*

The section between Slussen and the Central Station was built during the 1950's together with the Green Line. Here both lines run parallel, but on separate tracks. From ***Slussen****, the Red Line covers the western part of Södermalm, an area once served by a steam tram. Leaving Slussen, the Red Line takes a sharp turn towards the west and crosses under the mainline railway tunnel before reaching* ***Mariatorget*** *station, which is a 350 m walk from the Pendeltåg's Stockholms Södra station. The early Red Line stations were built like the type created for Fridhemsplan more than 10 years before. Like the tunnels, which are mostly double-track, stations were also mainly blasted out of rock, with a separate chamber for each 145 m long platform. After that, a completely detached concrete structure was built inside the rock chamber to guarantee absolute water insulation. Where possible, exits are located inside adjacent buildings. This station type was used for all underground stations built until 1967 (except Skärholmen), i. e. also on the Ropsten branch.*
The name of the last station on Södermalm is ***Hornstull****, which lies at a former city gate (tull). Whereas the Green Line leaves the southern island on a high bridge, the Red Line does so in a 170 m long underwater concrete tunnel, which was lowered into the Liljeholmsviken. Lying 13 m below the surface, it leaves a depth of 6.9 m of navigable waters.* ***Liljeholmen*** *station is a major bus interchange and was originally an open-air station with two island platforms, which has only recently been covered. The Red Line's control centre is located at Liljeholmen station. Since 2000, Tvärbanan has also stopped here. From the western exit of Liljeholmen station, the 230 m long Hissbana leads to the Nybohov neighbourhood 38 m above. This is an inclined lift (hiss is Swedish for lift) running inside a rock tunnel. Just west of the station the Red Line splits into two branches, with another spur running to the Nyboda depot.*

In the north, the Red Line leaves ***T-Centralen*** *from the lower 8.9 m deep station. The single-track tunnels to Östermalmstorg reach a maximum depth of 40 m and constitute the only circular concrete-lined tunnels of the underground network. This extra reinforcement was necessary due to an abrupt change from solid rock to gravel.* ***Östermalmstorg*** *station, at 38 m below street level the deepest station in Stockholm, is accessible from Birger Jarlsgatan and Östermalm Square and was the terminus for 2 years. Preliminary works on a third track in a separate cavern on the southern side were carried out in the 1960's, but this platform has never been finished.*

II. 2) ***The Fruängen branch*** *(4.7 km):*

Trains to Fruängen leave ***Liljeholmen*** *and run under the Nyboda depot to* ***Midsommarkransen****. This station is decorated with a flower wreath, a traditional symbol for the important Swedish midsummer festival in June. About 100 m before* ***Telefonplan*** *station, the Red Line emerges from the tunnel. The area is the traditional location of Ericsson, a well-known phone company. In 1946, a tram extension was built, that ran on an embankment and in a 400 m tunnel from Telefonplan to Personnevägen (now* ***Hägerstensåsen****), which would later become part of the Tunnelbana network. The premetro-like route was extended to* ***Västertorp*** *in 1952 and to* ***Fruängen*** *in 1956. Tunnelbana operation along the entire route started in 1964. In the beginning there were plans to link this branch to the Green Line's Hagsätra branch.*

Röda Linjen

❶ Eingang zum Bahnhof **Sätra**, einst ‚Sätra centrum'.

❷ Der Bahnhof **Skärholmen** liegt in geringer Tiefenlage unter einem Einkaufszentrum.

❸ 1972 begann mit **Masmo** eine neue Phase im Stationsbau. Von nun an wurde das Felsgewölbe mit Spritzbeton gesichert und bemalt. Anfangs wurde zur Sicherheit ein Metallgitter über den Bahnsteigen aufgehängt.

❹ Der bunte Bahnhof **Alby** hat neben dem Mittelbahnsteig noch einen Seitenbahnsteig in einem eigenen Gewölbe, ein Gleis führt zu einer Abstellanlage.

*❶ Access to **Sätra** station, formerly 'Sätra centrum'.*

*❷ **Skärholmen** station lies just below the surface, under a shopping centre.*

*❸ Opened in 1972, **Masmo** was the first of a new type of station. From then on, the rock chamber was sprayed with concrete and painted. In the beginning a metal grid was fixed to the ceiling for safety reasons.*

*❹ The colourful station **Alby** has an island platform and a side platform in a separate hall. One of the three tracks leads to sidings.*

1

2

Röda Linjen

3

❶ **Östermalmstorg** ist mit 38 m die tiefste U-Bahnstation. Hier verzweigen sich die beiden Nordäste der Roten Linie.

❷ **Gärdet**

❸ **Karlaplan**

❹ Am Südende des Bahnhofs **Ropsten** führt ein langer Fahrsteig zum Ausgang Hjorthagen.

❺ Der größere Teil der Station **Ropsten** liegt im Freien auf einem Viadukt.

❶ *At a depth of 38 m,* ***Östermalmstorg*** *is the deepest station on the network and the junction of the two northern branches of the Red Line.*

❷ ***Gärdet***

❸ ***Karlaplan***

❹ *From the southern end of* ***Ropsten*** *station, a long moving walkway leads to the Hjorthagen exit.*

❺ *Most of* ***Ropsten*** *station lies in the open on a viaduct.*

4

5

chen Strecke wurde 1952 bis **Västertorp** und 1956 bis **Fruängen** verlängert. Der Tunnelbana-Betrieb begann auf der gesamten Strecke im Jahre 1964. Anfangs gab es Pläne, diesen Ast mit dem Hagsätra-Ast der Grünen Linie zu verbinden.

II. 3) **Der Norsborg-Ast** (17,5 km):

Aufgrund der hügeligen Landschaft entlang des Südufers des Mälarsees wechseln sich auf dieser Strecke unter- und oberirdische Abschnitte ab. Insgesamt gibt es 8 unterirdische Abschnitte, die meist im Fels liegen. Von den 14 Bahnhöfen sind nur 5 unterirdisch, weitere 6 liegen direkt an einem Tunnelausgang (Örnsberg, Axelsberg, Bredäng, Sätra, Vårberg und Vårby gård). Die ersten beiden Tunnelstationen, **Aspudden** und **Mälarhöjden**, gehören zum selben Typ wie jene auf Södermalm und auf dem Ropsten-Ast, d.h. es handelt sich um einen geschlossenen Betonkasten in einem Felsgewölbe. Der Bahnhof **Sätra** hat zwei Mittelbahnsteige und war zwei Jahre lang Endstation. Auch heute enden hier manche Züge. Bei **Skärholmen** handelt es sich um eine in offener Bauweise errichtete Station, die direkt unter dem Straßenniveau unter einem Einkaufszentrum liegt. **Vårberg** ist die letzte Station im Stadtgebiet von Stockholm, von hier fährt die Rote Linie weiter durch das Gemeindegebiet von Huddinge (Vårby gård und Masmo) und über eine 300 m lange Brücke über Albysjön nach Botkyrka (Fittja – Norsborg).
Mit Eröffnung des Bahnhofs **Masmo** im Jahr 1972 wurde ein neuer Stationstyp eingeführt, der in den Siebziger Jahren zum Standard wurde. Anstatt der bisher gebauten Betonschale wurde von nun an der nackte Fels nur mit Spritzbeton gesichert, wodurch ein viel größerer Raum entstand. Im Gegensatz zu späteren Ausführungen wurden die Felswände anfangs noch in dunklen Farben gehalten. Aus Sicherheitsgründen wurde von der Decke ein Metallgitter abgehängt, das die wartenden Fahrgäste vor eventuell abbröckelnden Teilen schützen sollte. Der Bahnhof Masmo liegt 20 – 45 m unter der Oberfläche und ist der am drittwenigsten frequentierte Bahnhof. Ein Rolltreppenschacht wurde vom Verteilergeschoss zu einem 39 m höher liegenden Wohngebiet gebaut, aber nie vollendet. Der letzte unterirdische Bahnhof dieser Strecke, **Alby**, ähnelt sehr stark denen auf dem Mörby-Ast und auf der Blauen Linie, die einige Monate später im Jahr 1975 eröffnet wurden. An diesem Bahnhof gibt es Abstellgleise, weshalb auch die Station selbst dreigleisig ausgebaut wurde. Der Seitenbahnsteig ist vom Mittelbahnsteig durch eine dicke Felswand getrennt. Wie auf der Grünen Linie sind auch auf der Roten Linie die oberirdischen Stationen architektonisch weniger ansprechend. Später in den Achtziger und Neunziger Jahren wurden auch diese Bahnhöfe künstlerisch verschönert, entweder mit Skulpturen oder mit Mosaikarbeiten. Der Hochbahnhof **Norsborg** ist die westlichste Station der Tunnelbana, von hier dauert eine Fahrt bis T-Centralen 35 Minuten.

II. 4) **Der Ropsten-Ast** (3,1 km):

Gleich östlich des Bahnhofs Östermalmstorg verzweigt sich die Rote Linie in zwei Nordäste, der östliche davon führt Richtung Ropsten. Vom 38 m tiefen Bahnhof **Östermalmstorg** steigt die Tunnelbana auf eine Tiefe von 23 m am Bahnhof **Karlaplan**, der wie die beiden Nachbarstationen zum Typ der Sechziger Jahre gehört, d.h. ein Betongehäuse mit zwei getrennten Bahnsteigen in einem Felsgewölbe. Obwohl die Gleise weiter ansteigen, liegt der Bahnhof **Gärdet** aufgrund des hügeligen Bodenreliefs in einer Tiefe von 22 – 31 m unter der Oberfläche. Den Nordausgang erreicht man durch einen 115 m langen Tunnel. Kurz nach Gärdet überquert die Tunnelbana die Bahnstrecke zum Hafen auf einem 300 m langen Viadukt. Nach einem kurzen Tunnel kommt die Rote Linie an ihrem Endpunkt **Ropsten** an, dessen südliches Ende sich noch im Tunnel befindet. Von diesem Bahnsteigende führt ein 125 m langer Fahrsteig zum Ausgang Hjorthagen. Am nördlichen Ende erreicht man über eine kurze Treppe die Lidingöbahn, die seit Eröffnung der Tunnelbana im Jahr 1967 in Ropsten endet. Früher fuhr sie weiter ins Stadtzentrum bis Humlegården bei der Königlichen Bibliothek. Die ersten Tage im September 1967 brachten viele Veränderungen für den Verkehr in Stockholm. Am 3. September wurde der Rechtsverkehr für Busse und Autos eingeführt, gleichzeitig wurden alle Straßenbahnen im Stadtzentrum eingestellt, so dass nur noch die Lidingöbahn und die Nockebybahn übrig blieben. Ursprünglich sollte die Rote Linie über eine Brücke zur Insel Lidingö verlängert werden, heute gilt diese Verlängerung als unwahrscheinlich.

II. 5) **Der Mörby-Ast** (8,4 km):

Der nördliche Ast der Roten Linie wurde anfangs als Täbybahn bezeichnet und sollte allmählich die Roslagsbahn ersetzen. Diese Linie sollte weitreichende Gebiete nördlich von Stockholm erschließen, sie wurde deshalb mit längeren, auf 10-Wagen-Züge bemessenen Bahnsteigen gebaut. Das würde bedeuten, dass sie eines Tages auf einer eigenen Trasse ins Stadtzentrum geführt werden müsste.
Dieser Tunnelbana-Ast ist sehr ähnlich der Blauen Linie, die etwa zur selben Zeit gebaut wurde. Die Bahnsteighallen sind riesige in Fels gehauene Grotten, die farbenfroh bemalt sind, aber noch das Metallgitter über den Bahnsteigen aufweisen. Während die Bahnhöfe **Östermalmstorg** und **Stadion** quer unter der Bebauung liegen, befindet sich die Station **Tekniska högskolan** in einer Linie mit dem Valhallaväg, einer breiten Straße, was sicher auch einen Bahnhof in einfacher Tiefenlage möglich gemacht hätte. Der südliche Ausgang ist verbunden mit dem Bahnhof Stockholms östra, der Endstation der Roslagsbahn. Die Entfernung zwischen Tekniska högskolan und dem nächsten Bahnhof **Universitetet**

II. 3) ***The Norsborg branch*** *(17.5 km):*

Due to the hilly landscape along the southern shore of Mälaren, tunnel and surface sections keep alternating along the Red Line's Norsborg branch. All in all, there are 8 underground stretches mainly excavated out of rock. Out of 14 stations, only 5 are underground, and 6 lie just outside the tunnel (Örnsberg, Axelsberg, Bredäng, Sätra, Vårberg and Vårby gård). The first two underground stations, ***Aspudden*** *and* ***Mälarhöjden****, are of the same type as those found on Södermalm and the Ropsten branch, i. e. a concrete shell inside a rock cavern.* ***Sätra*** *station has two island platforms; it was the end of the line for two years, and is now sometimes used as a terminus.* ***Skärholmen*** *is a cut-and-cover station just below ground level under a shopping centre.* ***Vårberg*** *is the last station within the city of Stockholm, as the line then continues through the municipality of Huddinge (Vårby gård and Masmo) and across the 300 m bridge over Albysjön to Botkyrka (Fittja – Norsborg). Opened in 1972,* ***Masmo*** *station represented a new station type, which would become the standard all through the 1970's. Instead of the usual concrete shell, the blasted rock cavern was only sprayed with concrete, leaving a much larger space. Unlike later concepts, the rock wall was left in dark colours in the early rock chamber stations. For safety reasons, a metal grid was suspended above the platform to protect waiting passengers from falling pieces. Masmo station, which lies 20 – 45 m below ground, is the third least-used station. An escalator shaft was built for another exit to a new housing estate 39 m above the current exit, but it has never been finished. The last underground station on this branch,* ***Alby****, closely resembles those found along the Mörby branch and on the Blue Line, which opened a few months later in 1975. The station has sidings and was built with three tracks, one side and one island platform, separated by a thick rock wall. As on the Green Line, the surface stations do not boast any exciting architectural features. Later in the 1980's and 1990's, surface stations were also decorated with artistic elements, either sculptures or tiled artwork. The elevated terminus* ***Norsborg*** *is the Tunnelbana's westernmost station; from here it takes 35 minutes to get to T-Centralen.*

II. 4) ***The Ropsten branch*** *(3.1 km):*

Just east of Östermalmstorg station, the Red Line splits into two northern branches, the eastern one heading for Ropsten. From the 38 m deep ***Östermalmstorg*** *station, the Tunnelbana now ascends to 23 m depth at* ***Karlaplan****, which like its two neighbouring stations is of the 1960's type, i. e. an individual concrete shell for each platform inside a rock cavern. Although the tracks keep rising,* ***Gärdet*** *station still lies 22 – 31 m below the surface due to the mountainous relief of the area. The northern exit of this station can be reached through a 115 m long tunnel. Soon after leaving Gärdet station, the Red Line runs over a 300 m viaduct across the railway tracks that lead to the harbour. After another short tunnel, one arrives at the* ***Ropsten*** *terminus, the southern end of which is still inside the tunnel. From this end, a 125 m long moving walkway leads to the Hjorthagen exit. At the northern end, a few stairs take us to the Lidingöbana, which was cut back from Humlegården (at the Royal Library) to Ropsten when the Tunnelbana arrived here in 1967. In fact, the early days of September 1967 brought many changes to Stockholm traffic. On 3 September, cars and buses changed from left-hand to right-hand driving, and all tram lines in central Stockholm were replaced by buses, leaving only the Lidingöbana and the Nockebybana. Initial plans existed for an extension of the Red Line on a bridge to Lidingö, but this now appears very unlikely.*

II. 5) ***The Mörby branch*** *(8.4 km):*

The northern branch of the Red Line was initially referred to as the Täbybana, and was intended to replace the Roslagsbana in the long run. Designed to serve large areas north of Stockholm, this branch was built with longer platforms to allow the use of 10-car trains, which would mean building a separate alignment into the city centre in the future. This section is very similar to the Blue Line, which was built around the same time, having huge colourful rock chamber stations but still maintaining the metal grid above the platforms. Whereas ***Östermalmstorg*** *and* ***Stadion*** *stations lie diagonally under densely built-up areas,* ***Tekniska högskolan*** *lies in line with Valhallavägen, a wide avenue, which would have suggested a sub-surface station. Its southern exit is linked to Stockholms Östra, the terminus for Roslagsbanan. From Tekniska högskolan it is a distance of 2.3 km to* ***Universitetet*** *station, which was originally decorated as an underground park with trees and bushes painted on the walls, but in 1997 was refurbished to join the international project of stations dedicated to Human Rights (Berlin: Westhafen, Brussels: Parvis de St. Gilles, Paris: Concorde, Lisbon: Parque). Universitetet was the terminus for 3 years. After another 2 km long tunnel one arrives at* ***Bergshamra****, which is in the municipality of Solna. Shortly after this station there is a 300 m surface stretch including a 160 m bridge that crosses the Stocksund and takes the Red Line into the municipality of Danderyd.* ***Danderyds sjukhus*** *station is only 10 m deep and was built by the cut-and-cover method. After the terminus at* ***Mörby centrum****, another 300 m of tunnel was built and is used to stable trains. The Täbybana was supposed to have three more stations, Danderydsberg, Näsbydal and Täby centrum.*

①

Röda Linjen

Der Mörby-Ast der Roten Linie ähnelt in seiner Gestaltung sehr der Blauen Linie, die etwa zur selben Zeit entstand. Das Felsgewölbe wurde mit Spritzbeton abgedichtet und in verschiedenen Farben bemalt:

❶ **Stadion** – in Regenbogenfarben, benannt nach dem Olympiastadion von 1912

❷ **Tekniska högskolan** – geometrische Figuren, Umsteigemöglichkeit zur Roslagsbana

❸ **Universitetet** – Menschenrechtsdeklaration an den äußeren Wänden

❹ **Universitetet** – Linnés Reisen und anderen Themen an den mittleren Wänden

②

The Mörby branch is very similar in design to the Blue Line, which was built around the same time. The bare rock was fixed with sprayed concrete and then painted in different colours:

❶ ***Stadion*** *– rainbow colours; named after the 1912 Olympic Stadium*

❷ ***Tekniska högskolan*** *– geometrical figures, interchange with Roslagsbanan*

❸ ***Universitetet*** *– Declaration of Human Rights on the outer walls*

❹ ***Universitetet*** *– Linné's travels and other themes on the inner walls*

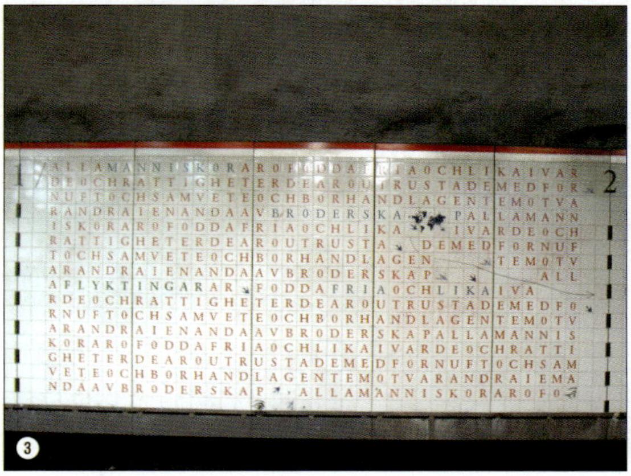
③

④

Röda Linjen

❶ Im Bahnhof **Universitetet** wurde das Gitter an der Decke im Zuge der Umgestaltung entfernt.

❷ Die Station **Bergshamra** wurde mit Motiven aus verschiedenen Epochen geschmückt, links zu sehen der sogenannte ‚Bokbuss' (Bücherbus).

❸ **Danderyds sjukhus** ist neben Skärholmen (und nun auch Liljeholmen) auf der Roten Linie der einzige unterirdische Bahnhof in geringer Tiefe.

❹ Sanfte Farben dominieren in der Endstation **Mörby centrum**, der Ausgang führt direkt in ein Einkaufszentrum.

❶ *The protecting metal grid was removed from the ceiling when* ***Universitetet*** *station was rebuilt.*

❷ ***Bergshamra*** *station is decorated with themes from different times, to the left is the so-called 'bokbuss' (library bus).*

❸ *Apart from Skärholmen (and now also Liljeholmen),* ***Danderyds sjukhus*** *is the only shallow underground station on the Red Line.*

❹ *Soft colours dominate the terminus at* ***Mörby centrum****. The station exit leads directly into a shopping centre.*

beträgt 2,3 km. Dieser Bahnhof war ursprünglich als unterirdischer Park gestaltet, die Wände waren mit Bäumen und Büschen bemalt. 1997 wurde er renoviert und völlig umgestaltet. Er reiht sich nun thematisch in das internationale Projekt „Menschenrechte“ ein, dem auch Stationen in anderen Metrostädten gewidmet sind (Berlin: Westhafen, Brüssel: Parvis de St. Gilles, Paris: Concorde, Lissabon: Parque). Universitetet war drei Jahre Endstation. Nach weiteren 2 km erreicht man **Bergshamra**, das schon im Gemeindegebiet von Solna liegt. Kurz nach dieser Station gibt es einen 300 m langen oberirdischen Abschnitt mit einer 160 m langen Brücke über den Stocksund. Von hier verläuft die Strecke nun im Gemeindegebiet von Danderyd. Der Bahnhof **Danderyds sjukhus** liegt nur 10 m tief und wurde in offener Bauweise erstellt. Hinter dem Endbahnhof **Mörby centrum** kann ein 300 m langer Tunnel als Abstellanlage benutzt werden. Die Täbybahn sollte drei weitere Stationen bekommen, nämlich Danderydsberg, Näsbydal und Täby centrum.

III. **Blå linjen – Blaue Linie**

Stockholms neueste Metrolinie wurde anfangs als Järvabahn bezeichnet. Järva ist eine Gegend im Nordwesten von Stockholm, die früher militärisches Sperrgebiet war, wo jedoch seit den Siebziger Jahren viele neue Siedlungen entstanden sind, die starke Fahrgastströme erwarten ließen. Daher wurden die Bahnsteige auf dieser Linie 180 m lang gebaut (im Vergleich zu den vorher üblichen 145 m), um 10-Wagen-Züge einsetzen zu können. Bisher kamen aber nur 8-Wagen-Züge zum Einsatz, außerhalb der Hauptverkehrszeiten meist sogar nur 6-Wagen-Züge. Die Bahnsteige wurden alle gerade ausgerichtet, um den Abstand zwischen Zug und Bahnsteig so gering wie möglich zu halten, und um die Zugfahrerselbstabfertigung zu erleichtern, nachdem die früher üblichen Zugbegleiter abgeschafft worden waren. Der durchschnittliche Stationsabstand beträgt auf der Blauen Linie 1,4 km (im Vergleich dazu sind es auf der Grünen Linie 0,9 km und auf der Roten Linie 1,1 km), was zu einer höheren Reisegeschwindigkeit führt. Alle Bahnhöfe (außer Kista) gehören zum tiefen Felsgewölbetyp (20 – 30 m), jedoch ohne die Schutzmetallgitter über den Bahnsteigen, wie sie auf der Roten Linie verwendet wurden. Stattdessen hängen hier nur Metallbalken von der Decke, welche schalldämmend wirken. Um den wartenden Fahrgästen eine angenehme Umgebung zu bieten, wurde sehr viel Wert auf die Gestaltung der unterirdischen Räume gelegt. Die Blaue Linie wird jetzt als ‚längste Kunstgalerie der Welt‘ angepriesen. Das Grundkonzept besteht darin, den Spritzbeton in einer gut unterscheidbaren Farbe zu bemalen und mit künstlerischen Elementen zu bereichern, die sich in vielen Fällen an die Umgebung der Station anlehnen. Alle Bahnhöfe sind auch für Gehbehinderte oder mit Kinderwagen zugänglich, entweder durch vertikale oder durch Schrägaufzüge.

Die Blaue Linie hat eine Gesamtlänge von 24,5 km und wird mit zwei Linien betrieben:
10 **Kungsträdgården – Hjulsta** (14,3 km)
11 **Kungsträdgården – Akalla** (15 km)
Auf beiden Strecken gibt es tagsüber einen 10-Minuten-Takt, während der Hauptverkehrszeiten (7:00 – 9:00, 15:15 – 18:30) fahren die Züge alle 6 – 8 Minuten.

Von Kungsträdgården sollte die Linie unter Wasser über Skeppsholmen nach Slussen fahren, dann weiter durch das östliche Södermalm bis Nacka, aber auch eine direktere Streckenführung über Djurgården wurde in Erwägung gezogen. Mit Umstellung der Saltsjöbahn auf Stadtbahnbetrieb wird die Verlängerung der Blauen Linie nach Osten jedoch unwahrscheinlicher.

III. 1) **Innenstadtabschnitt** (4,8 km):

Die Endstation **Kungsträdgården** ist wahrscheinlich die spektakulärste aller Tunnelbana-Stationen. Sie ist mit Kopien antiker Statuen geschmückt, die in einem nahegelegenen Palast gefunden wurden. Der Bahnhof liegt 34 m unter der Oberfläche und 29 m unter dem Wasserspiegel. Obwohl die Station mitten im Stadtzentrum liegt, gehört sie nicht zu den frequentierteren Bahnhöfen.
Bei **T-Centralen** liegt der Bahnhof der Blauen Linie 29 m tief, d. h. 15 m unter der unteren Ebene des Bahnhofs der beiden anderen Linien. Beide Stationen liegen wie ein V zueinander, die Spitze befindet sich dabei im Osten am Sergels Torg. Der Westausgang ist über die Vasagata mit dem Hauptbahnhof und dem Arlanda Express Terminal verbunden.

Der Bahnhof **Rådhuset** mit seinen antik anmutenden Säulen und Toren ist die erste von drei Stationen auf der Insel Kungsholmen. Bei **Fridhemsplan** liegt die Blaue Linie 15 m unter der Grünen Linie, beide Bahnhöfe sind durch einen langen Tunnel mit einem Fahrsteig verbunden. Die Gestaltung der Station ist vom Meer und den Seen rund um Stockholm inspiriert worden. An der nächsten Station, **Stadshagen**, kann man bunte Bilder mit Sportszenen sehen, die auf

III. ***Blå linjen – Blue Line***

Stockholm's newest metro line was initially referred to as Järvabanan, named after the area, a former military reserve in northwestern Stockholm, where many new neighbourhoods appeared during the 1970's, which were expected to produce high passenger numbers. Stations were therefore laid out with 180 m long platforms (instead of the former 145 m) for the use of 10-car trains. So far, only 8-car trains have been used during peak hours, while during off-peak 6-car trains are in service. Platforms were now built with a straight alignment to reduce the gap between train and platform and to obviate the need for guards in the centre of the trains to operate the doors. Stations on the Blue Line are at an average distance of 1.4 km apart (compared to 0.9 km on the Green Line, and 1.1 km on the Red Line) to increase travel speed. All stations (except Kista) are of the deep-level (20–30 m) rock chamber type, but instead of the protecting grids above the platform used on the Red Line, there are only metal beams suspended from the rock ceiling, which help reduce noise inside the station. To give passengers a pleasant feeling while waiting, a lot of effort was put into creating an exciting underground world, now promoted as the world's longest art gallery. The basic concept consists of painting the sprayed concrete in a distinctive colour and adding artistic elements, which in many cases are related to the station's surroundings. All stations are fully accessible for both the handicapped and for prams, either by vertical or inclined elevators.

The Blue Line has a total length of 24.5 km and operates two routes:
10 ***Kungsträdgården – Hjulsta*** *(14.3 km)*
11 ***Kungsträdgården – Akalla*** *(15 km)*
Both routes offer a train every 10 minutes during normal daytime hours and every 6–8 minutes during peak hours (7:00–9:00, 15:15–18:30).

From Kungsträdgården, an extension has been planned under water to Skeppsholmen, Slussen, eastern Södermalm and Nacka, although a more direct alignment via Djurgården was also under consideration. With the conversion of the Saltsjöbana to light rail, this extension does not appear likely to be built in the near future.

III. 1) ***Central segment*** *(4.8 km):*

The ***Kungsträdgården*** *terminus is probably the most spectacular station, decorated with copies of ancient statues from a nearby palace. It lies 34 m below ground level and 29 m below sea level, but although it is right in the heart of the city, it is not a very busy station.*
At ***T-Centralen****, the Blue Line station lies 29 m deep, 15 m deeper than the lower level of the Green/Red Line station, both stations being arranged in a V-shape and meeting at Sergels Torg in the east. The western exit is linked to the Central Station and the Arlanda Express terminal via Vasagatan.*

Rådhuset*, which is decorated with ancient looking pillars and gates, is the first of 3 stations on the island of Kungsholmen. At* ***Fridhemsplan****, the Blue Line runs some 15 m under the Green Line, both lines being linked by a long tunnel with moving walkways. The station's design is inspired by the sea and lakes around Stockholm. The next station,* ***Stadshagen****, is decorated with sports themes, an allusion to the nearby sports grounds. The Blue Line crosses the Karlbergskanal in a concrete tunnel, and after 1.5 km it reaches the junction at* ***Västra skogen****, in the municipality of Solna. Here, the longest escalators (33 m) on the network can be found. Västra skogen consists of two rock chambers linked by two bridges. The northern cave has an island platform with separate tracks for inbound trains. This dark grotto is the Tunnelbana's largest station. A peculiar 2-storey entrance building houses the Blue Line's control centre, other staff facilities and the ticket hall.*

III. 2) ***The Hjulsta branch*** *(9.5 km):*

When the Blue Line opened in 1975 there was only a single route, which ran from T-Centralen via ***Västra skogen*** *to Hallonbergen, and from there via the Rissne depot to Rinkeby and on to Hjulsta. The route via Sundbyberg did not open until ten years later.*
Along this later section, there are various stations with both tracks inside one rock chamber (Huvudsta, Vreten, Duvbo, Rissne). ***Vreten*** *station surprises passengers with sky-cubes that appear to bring daylight into the deep cavern. After Vreten, the Blue Line enters the small municipality of Sundbyberg. Of the few transfer options available between the Tunnelbana and the Pendeltåg,* ***Sundbybergs centrum*** *is certainly the most convenient. The underground station is decorated with reproductions of façades from the town's old centre. Waiting for the Tunnelbana at* ***Rissne*** *is like being in a history class. On one station wall a 180 m long timeline of world history is drawn in maps, whereas on the opposite side thousands of historic events are written down. After Rissne, the Blue Line comes back into the municipality of*

Blå Linjen

Neben den Metros von Moskau, St. Petersburg, Kiew und anderen ex-sowjetischen Städten zählt die Stockholmer U-Bahn gestalterisch ohne Zweifel zu den interessantesten der Welt, nicht zuletzt wegen der Blauen Linie.

❶–❹ **Kungsträdgården**, der Endbahnhof im Stadtzentrum überrascht mit vielen Details, wie verschiedenen Abgüssen von Skulpturen aus einem nahe gelegenen Palast.
Der U-Bahnhof liegt 29 m unter dem Meeresspiegel. Ursprünglich sollte die Blaue Linie nach Osten bis Nacka verlängert werden.

Together with the metros of Moscow, St. Petersburg, Kyiv and other ex-Soviet cities, the Stockholm Tunnelbana is without doubt among the most interesting in the world, mainly because of the Blue Line.

❶–❹ *The terminus* ***Kungsträdgården****, in the heart of the city, has many surprising details, such as copies of sculptures from a nearby palace.*
The underground station lies 29 m below sea level. The Blue Line was initially planned to be extended towards the east to Nacka.

Blå Linjen

❶ Die Station **T-Centralen** der Blauen Linie liegt 15 m unter den beiden anderen Tunnelbana-Linien, d. h. 29 m unter der Oberfläche. Noch eine Ebene tiefer soll in den nächsten Jahren eine Pendeltåg-Station gebaut werden.

❷ Weniger spektakulär wirkt auf den ersten Blick der Bahnhof **Rådhuset**. Bei näherem Hinsehen entdeckt man auch hier verschiedene ‚antike' Details.

❸ Im Eingangsbereich der Umsteigestation **Fridhemsplan** befindet sich diese ‚Hommage an Linné', ein Geschenk der Stadt Lissabon.
Photo Jouko Ketola

❹ Meeresmotive zieren den Bahnhof **Fridhemsplan**.

❶ *The Blue Line's* ***T-Centralen*** *station lies 15 m below that of the other two lines, i. e. 29 m below street level. Still one level deeper, a Pendeltåg station will be built in the near future.*

❷ ***Rådhuset*** *station seems less spectacular at first sight. However, a closer look reveals several 'ancient' details.*

❸ *'Homage to Linné' was a gift from the City of Lisbon; it is located in the vestibule of* ***Fridhemsplan*** *station.*
Photo Jouko Ketola

❹ ***Fridhemsplan*** *station is decorated with a maritime theme.*

die nahen Sportanlagen Bezug nehmen. Die Blaue Linie kreuzt den Karlbergskanal in einem Betontunnel und erreicht nach 1,5 km den Verzweigungsbahnhof **Västra skogen** im Gemeindegebiet von Solna. Hier findet man mit 33 m die längste Rolltreppe des Tunnelbana-Netzes. Der Bahnhof Västra skogen besteht aus zwei Felsgewölben, die durch zwei Brücken verbunden sind. Die nördliche Bahnsteighalle hat zwei getrennte Gleise für die Züge Richtung Stadtzentrum. Die dunkle Grotte ist vom Volumen her die größte Tunnelbana-Station. Ein ungewöhnliches zweistöckiges Eingangsgebäude beherbergt unter anderem auch die Leitzentrale der Blauen Linie.

III. 2) **Der Hjulsta-Ast** (9,5 km):

Als die Blaue Linie 1975 eröffnet wurde, gab es nur eine Strecke, die von T-Centralen über **Västra skogen** nach Hallonbergen, und von dort über das Rissne-Depot nach Rinkeby und weiter nach Hjulsta verlief. Die Strecke über Sundbyberg wurde erst zehn Jahre später in Betrieb genommen. Auf diesem späteren Abschnitt liegen mehrere Stationen mit einer einfachen zweigleisigen Bahnsteighalle (Huvudsta, Vreten, Duvbo, Rissne). Im Bahnhof **Vreten** scheint der blaue Himmel in Form von Würfeln in die Felsenhöhle einzudringen. Nach Vreten erreicht die Blaue Linie die kleine Gemeinde Sundbyberg. Von den wenigen Umsteigemöglichkeiten zwischen Tunnelbana und Pendeltåg ist **Sundbybergs centrum** gewiss die bequemste. Der unterirdische Bahnhof wurde mit Nachbildungen von Häuserfassaden des alten Stadtkerns geschmückt. Im Bahnhof **Rissne** wird das Warten auf die Tunnelbana zum Geschichtsunterricht. Auf einer der 180 m langen Wände ist die Weltgeschichte in Landkarten dargestellt, auf der anderen Seite sind Tausende geschichtliche Ereignisse zu lesen. Nach Rissne kommt die Blaue Linie für die letzten drei Stationen wieder auf Stockholmer Stadtgebiet zurück. An dieser Stelle mündet die ursprüngliche Strecke über Hallonbergen in die neue Strecke über Sundbyberg. Die Wände der Station **Rinkeby** sind in Terrakotta gestrichen und mit archäologischen Funden verziert. Dieser Bahnhof ist dreigleisig, das mittlere Gleis wird als Verbindung zum Rissne-Depot verwendet, welches sich im Fels befindet. Daneben liegt im Freien die Hauptwerkstatt der Blauen Linie. Wie Rinkeby liegt auch der Bahnhof **Tensta** in einem Gebiet, in dem viele Einwanderer leben. Das war Grund genug, die Gestaltung dieser Station dem Thema Integration und Völkerverständigung zu widmen. An den äußeren Wänden kann man z. B. auf bunten Tafeln das Wort ‚Brüderlichkeit' in verschiedenen Sprachen lesen. Hinter dem Endbahnhof **Hjulsta** können in einem 500 m langen Tunnel Züge abgestellt werden. Ursprünglich war von hier eine ca. 1,5 km lange Verlängerung zum Bahnhof Barkarby geplant, heute scheint aber eine Verlängerung von Akalla dorthin wahrscheinlicher.

III. 3) **Der Akalla-Ast** (10,2 km):

Ab 1975 fuhr die Blaue Linie auf dem nördlichen Ast bis Hallonbergen, von dort dann unterirdisch über Rinkeby nach Hjulsta. Zwei Jahre später wurde auch der Betrieb auf dem Ast nach Akalla aufgenommen.
Die erste Station nach **Västra skogen** ist **Solna centrum**, ein typischer Felsenbahnhof, der rot bemalt wurde. Die Zeichnungen zeigen die Umweltprobleme in Schweden während der Siebziger Jahre. Dieser Bahnhof sollte eigentlich in einfacher Tiefenlage gebaut werden, dazu hätten aber viele Bäume gefällt werden müssen, so dass man sich auch hier für eine tiefe Linienführung entschied. Der Name der nächsten Station, **Näckrosen**, bedeutet ‚Seerose', was man auch in der Gestaltung des Bahnhofs leicht erkennen kann. In der Nähe liegt die Stockholmer Filmstadt, weshalb auch die Namen verschiedener schwedischer Schauspieler und Regisseure im Boden eingraviert wurden. Außerdem werden in Vitrinen diverse Filmrequisiten ausgestellt. Gleich nach dem Bahnhof Näckrosen erreicht die Tunnelbana die Gemeinde Sundbyberg. **Hallonbergen** könnte man als Himbeerberge übersetzen, was aber nicht als Motiv für die Gestaltung dieses Bahnhofs verwendet wurde. Stattdessen erzeugen die Kinderzeichnungen und Blechskulpturen einen hellen und großzügigen Raum. Kurz nach dem dreigleisigen Bahnhof Hallonbergen, mit einem Mittelbahnsteig in Richtung Stadtzentrum, zweigt der 2,6 km lange Tunnel Richtung Rinkeby ab. Von 1975 bis 1985 fuhren die Züge nach Hjulsta auf dieser Strecke, heute wird der Tunnel als Verbindung zum Rissne-Depot genutzt. Zwischen Hallonbergen und Kista liegt mit 4,3 km der längste Stationsabstand des gesamten Netzes. Nach ca. 2 km kommt die Blaue Linie das erste Mal für ca. 800 m ans Tageslicht. Genau dort, wo die Bahn wieder in einem 500 m langen Tunnel verschwindet, befindet sich Stockholms einzige Geisterstation Kymlinge. Der halbfertige Bahnhof liegt heute mitten in einem Naturschutzgebiet. Der zweite oberirdische Abschnitt besteht aus einer 1130 m langen Hochbahnstrecke mit zwei eingleisigen Viadukten. Auf diesem Abschnitt liegt der Bahnhof **Kista**, der wieder zum Stockholmer Stadtgebiet gehört. Kista ist bekannt als Stockholms Silicon Valley, wo viele IT-Firmen ihren Sitz haben. Kurz nach dem Bahnhof Kista fährt die Blaue Linie wieder unterirdisch weiter zum Bahnhof **Husby**, der mit Motiven aus dem Schärgarten geschmückt ist. Im Endbahnhof **Akalla** sieht man Mosaike mit Alltagsszenen von Männern und Frauen. Wie beim Hjulsta-Ast gibt es auch von hier Pläne für eine Verlängerung nach Barkarby oder Sollentuna.

Stockholm for the last three stations. At this point, the original tunnel coming from Hallonbergen joins the new route via Sundbyberg. ***Rinkeby****'s terracotta walls are decorated with archeological finds. Rinkeby station was built with three tracks, the central one being used to access the nearby Rissne depot, which is located below ground level in rock tunnels, and the Blue Line's workshop, which is on the surface.*
Tensta *station, like Rinkeby, lies in an area with a large number of immigrants, reason enough to dedicate this station to integration and solidarity between nations. Behind the tracks, the word 'brotherhood' is written on colourful panels in several languages. After the* ***Hjulsta*** *terminus, a 500 m long tunnel is used for temporary train stabling. Initially, an extension to Barkarby railway station (approx. 1.5 km) was planned, but now a link from Akalla appears more likely.*

III. 3) ***The Akalla branch*** *(10.2 km):*

In 1975, the northern branch of the Blue Line opened to Hallonbergen, from where it continued underground to Rinkeby and Hjulsta. Two years later, the branch to Akalla also began operating.
The first station after ***Västra skogen*** *is* ***Solna centrum****, a typical rock chamber station painted in red, with paintings showing Sweden's environmental problems in the 1970's. This station was actually planned as a sub-surface station, but its construction would have entailed the felling of many trees, therefore a deep alignment was chosen here too. The name of the next station,* ***Näckrosen****, means 'waterlily', a theme chosen for the station's decoration. Nearby lies Stockholm's Film City, which is why the names of Swedish actors and directors are carved in the floor, and film props are shown in vitrines. Immediately after Näckrosen station, the Tunnelbana comes into the Sundbyberg municipality. The next station* ***Hallonbergen*** *would be translated as Raspberry Hills, although this was not used as a theme here. Instead children's drawings on a white background and tin sculptures create a light and spacious cavern. Shortly after Hallonbergen station, which has three tracks with an island platform for inbound trains, a 2.6 km tunnel runs towards Rinkeby. From 1975 until 1985, trains ran to Hjulsta along this route, but now the tunnel is only used to access the Blue Line's depot at Rissne. From Hallonbergen to Kista, the distance is 4.3 km, the longest distance between stations on the whole network. After approximately 2 km, the Blue Line sees daylight for the first time for some 800 m. Just where the train dives into another 500 m long tunnel, Stockholm's only ghost station, Kymlinge, lies half-finished in the middle of a protected forest area. The next open air section is a 1130 m long elevated route on 2 single-track viaducts, and includes* ***Kista*** *station, back on Stockholm city territory. Kista is known as Stockholm's Silicon Valley and is home to many IT companies. Soon after Kista station the line goes back underground to* ***Husby*** *station, which is decorated with scenes from the archipelago. The terminus* ***Akalla*** *has ceramic mosaics showing men and women in everyday life. As with the Hjulsta branch, there were also plans to build an extension from here to Barkarby or Sollentuna.*

Tunnelbana Eröffnungsdaten *Opening Dates*

01-10-1950:	GL	*Slussen – Hökarängen*	02-09-1967:	RL	*Östermalmstorg – Ropsten*
09-09-1951:	GL	*Gullmarsplan – Stureby*	02-12-1967:	RL	*Skärholmen – Vårberg*
26-10-1952:	GL	*Hötorget – Vällingby*	29-08-1971:	GL	*Farsta – Farsta strand*
22-11-1954:	GL	*Stureby – Högdalen*	01-10-1972:	RL	*Vårberg – Fittja*
01-11-1956:	GL	*Vällingby – Hässelby gård*	30-09-1973:	RL	*Östermalmstorg – Tekniska högskolan*
24-11-1957:	GL	*Hötorget – Slussen*	12-01-1975:	RL	*Tekniska högskolan – Universitetet*
17-04-1958:	GL	*Skärmarbrink – Hammarbyhöjden*	12-01-1975:	RL	*Fittja – Norsborg*
19-11-1958:	GL	*Hässelby gård – Hässelby strand*	31-08-1975:	BL	*T-Centralen – Hjulsta via Hallonbergen*
19-11-1958:	GL	*Hökarängen – Farsta*	05-06-1977:	BL	*Hallonbergen – Akalla*
19-11-1958:	GL	*Hammarbyhöjden – Bagarmossen*	30-10-1977:	BL	*T-Centralen – Kungsträdgården*
13-11-1959:	GL	*Högdalen – Rågsved*	29-01-1978:	RL	*Universitetet – Mörby centrum*
01-12-1960:	GL	*Rågsved – Hagsätra*	19-08-1985:	BL	*Västra skogen – Rinkeby*
05-04-1964:	RL	*T-Centralen – Fruängen*	15-08-1994:	GL	*Bagarmossen – Skarpnäck*
05-04-1964:	RL	*Liljeholmen – Örnsberg*			
16-05-1965:	RL	*Örnsberg – Sätra*	GL – Grüne Linie / *Green Line*		
16-05-1965:	RL	*T-Centralen – Östermalmstorg*	RL – Rote Linie / *Red Line*		
01-03-1967:	RL	*Sätra – Skärholmen*	BL – Blaue Linie / *Blue Line*		

Blå Linjen

Verschiedene Eindrücke vom Hjulsta-Ast:

Different impressions of the Hjulsta branch:

❶ Västra skogen

❷ Huvudsta

❸ Vreten

❹❺ Rissne

– geschichtliche Eckdaten auf der einen Seite, illustriert durch Karten auf der anderen.

– historical milestones written on one wall, and illustrated with maps on the other.

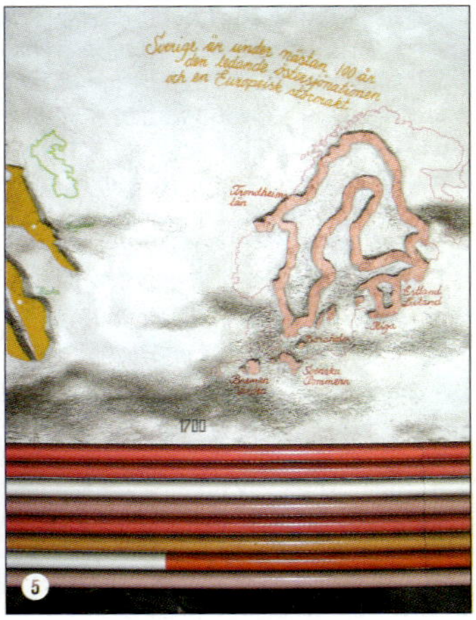

Blå Linjen

❶ In **Rissne** erzeugen goldene Figuren und Funde aus der Umgebung auf dem erdfarbenen Hintergrund einen ganz besonderen Eindruck.

❷ Endbahnhof **Hjulsta** – von hier sollte es ursprünglich nach Barkarby weitergehen.

❸❹ Um Völkerverständigung geht es im Bahnhof **Tensta**, der in einem Gebiet mit hohem Ausländeranteil liegt.

❶ *In **Rissne** station, golden figures and finds from the area are exhibited on a terracotta background, creating a very special atmosphere.*

❷ *Terminus **Hjulsta** – initial plans included an extension to Barkarby.*

❸❹ *Solidarity between nations is the theme of **Tensta** station, which lies in a neighbourhood with a high immigrant population.*

Tunnelbana-Fahrzeuge

Seit Eröffnung der Tunnelbana 1950 kann man fünf Fahrzeuggenerationen unterscheiden:

1) 450 Wagen vom Typ C1–C3 wurden von 1949 bis 1961 gebaut. Diese haben an beiden Enden einen Führerstand (nur der Typ C3 ist ein Beiwagen) und wurden von Svenska Järnvägsverkstäderna in Linköping und ASEA (elektrische Ausrüstung) in Anlehnung an die New Yorker Subway-Wagen gebaut. Es wurden auch verschiedene amerikanische Teile verwendet. Etwa 40 dieser grünen Wagen wurden 1988/89 umgebaut, doch 1999 dann endgültig verschrottet. Alle Wagen sind 17 m lang, mit drei Türen auf beiden Seiten, und 2,8 m breit. Die Stromzufuhr erfolgt über eine seitliche, abgedeckte Stromschiene, die von oben bestrichen wird. Die Spannung beträgt auf der Grünen und der Roten Linie 650 V Gleichstrom, auf der Blauen Linie 750 V.

2) Die Wagen der Sechziger Jahre bilden die Typen C4 und C5, die nur an einem Ende einen Führerstand haben und nur als Paare betrieben werden. 200 Wagen vom Typ C4 wurden 1960–66 für die Rote Linie geliefert, sie haben eine geringfügig veränderte Innenausstattung und sind leichter. Vom Typ C5 wurden 1963–65 nur acht Wagen bei Hägglund & Söner in Örnsköldsvik gebaut. Wegen des fehlenden Anstrichs wurden sie ‚Silverpilen' (Silberpfeil) genannt.

3) Die Wagen aus den Siebziger Jahren bilden die dritte Generation, die 1970 mit dem Typ C6 beginnt. Sie unterscheiden sich durch eine modernisierte Zugfront, der Fahrer sitzt nun in der Mitte der Kabine, die somit die ganze Fahrzeugbreite in Anspruch nimmt. Eine Einheit besteht aus zwei fest gekuppelten Wagen, die von Hägglund & Söner gebaut wurden. Im Dezember 1974 kam der Typ C8 für die Blaue Linie als erster Zug in blauem Anstrich. Bis heute wurden alle grünen Fahrzeuge entweder blau gestrichen oder verschrottet.

4) Einige Teile älterer Wagen, wie Motoren oder Drehgestelle, wurden zwischen 1977 und 1989 beim Bau von neuen Fahrzeugen benutzt. Ungefähr 400 von diesen aufgearbeiteten Wagen bilden die Typen C12–C15.

5) C20 (**Vagn 2000**)
Im Januar 1997 wurde von Adtranz (früher ABB Traction, heute Bombardier) der erste Zug der neuen Tunnelbana-Generation geliefert. Sie sind seit Mai 1998 im planmäßigen Einsatz unterwegs. 270 Einheiten wurden bestellt, die bis 2004 alle ausgeliefert wurden. Sie werden von Tågia gewartet.
Eine dreiteilige Einheit ist 46,5 m lang, 2,9 m breit und 3,8 m hoch. Der mittlere Teil wird von zwei Drehgestellen getragen, während die äußeren Teile nur unter der Fahrerkabine auf einem Drehgestell liegen. Drei gekuppelte Einheiten bilden einen Vollzug, der die ganze Bahnsteiglänge ausnutzt und einem 8-Wagen-Zug der älteren Modelle entspricht. 94 % aller verwendeten Materialien sind wieder verwertbar. Die Höchstgeschwindigkeit beträgt 90 km/h, die durchschnittliche Reisegeschwindigkeit ist abhängig von der Linie: Grüne Linie 32 km/h, Rote Linie 36 km/h, Blaue Linie 41 km/h. Die zugelassene Höchstgeschwindigkeit ist auf der Grünen Linie 70 km/h und auf der Roten und Blauen Linie 80 km/h. Obwohl die Türen durch Knopfdruck von den Fahrgästen selbst geöffnet werden können, werden diese normalerweise vom Fahrer gesteuert. Die Züge sind mit LZB (automatischer Zugsteuerung) und Videoüberwachung im Fahrgastraum ausgestattet. Alle Züge bekamen Namen, die erste Einheit wurde nach Birger Jarl, dem Gründer Stockholms, getauft.

Tunnelbana Rolling Stock

The trains used since 1950 can be classified into five generations:

1) 450 cars of class C1 – C3 were built from 1949 until 1961. They had a driver's cabin at either end of each car (class C3 is a cabinless trailer) and were based on the subway cars used in New York. Built by Svenska Järnvägsverkstäderna in Linköping and ASEA (electrical equipment), they also incorporated some American equipment. Some 40 of these green cars were refurbished in 1988/89, though they were finally scrapped in 1999. All cars are 17 m long, 2.8 m wide and have 3 doors on each side. Current is supplied by a third rail and is collected from its protected upper surface. The Green and the Red Lines use 650 V dc, whereas the Blue Line uses 750 V dc.

2) The 1960's cars belong to class C4 and C5, which had a driver's cabin just at one end, and were only operated in pairs. 200 C4-cars (1960 – 66) were delivered for the Red Line with a slightly modified interior and reduced weight. Only 8 cars of class C5 were brought into service, these having been built by Hägglund & Söner in Örnsköldsvik in 1963 – 65. Due to their unpainted metal look they were nicknamed 'Silverpilen' (the silver arrow).

3) Cars delivered during the 1970's form the third generation, starting with class C6 (1970). They have a modernised front with the driver sitting in the middle of his full-width cabin. Each trainset consists of permanently coupled pairs, again built by Hägglund & Söner. Class C8, which started arriving from December 1974 for the Blue Line, was the first with a blue livery. All the green cars were either repainted blue or scrapped.

4) Some parts of the older trains, like the motors and bogies, were re-used in new cars from 1977 until 1989. Some 400 of these recycled cars form classes C12 – C15.

*5) C20 (**Vagn 2000**)*
In January 1997, the first of the new Tunnelbana trains were delivered by Adtranz (formerly ABB Traction, now Bombardier), and they have been in regular service since May 1998. All 270 trainsets ordered were delivered by 2004. Train maintenance is carried out by Tågia.
Each 3-section articulated car is 46.5 m long, 2.9 m wide at the waist and 3.8 m high. The centre module is carried on two bogies, whereas the outer sections have a single bogie under the cabin ends. Three coupled cars cover a full platform length and are thus equivalent to an older 8-car train. 94 % of all materials used in this car are recyclable. The maximum speed is 90 km/h, while the average travel speed depends on the line: Green Line 32 km/h, Red Line 36 km/h and Blue Line 41 km/h. The maximum permitted speeds are 70 km/h on the Green Line and 80 km/h on the Red and Blue lines.
Although the doors can be opened manually by the passengers once the driver releases them, they are usually controlled by the driver. Trains are equipped with automatic driving (ATO) as well as a video-surveillance system inside the cars. These trains were also given names, the first car being named after Birger Jarl, the founder of Stockholm.

Blå Linjen

❶ Ein anderes Detail der Station **Västra skogen**, wo sich die Blaue Linie in zwei Äste verzweigt.

❷-❸ Umweltprobleme waren das Motiv für den Bahnhof **Solna centrum**. Das feuerrote Felsgewölbe gehört zu den emblematischen der Blauen Linie.

❹ **Näckrosen** bedeutet Seerose, auch eines der Motive dieser Station. Die Stockholmer Filmstadt liegt unweit dieses Bahnhofs.

❶ *Another detail of **Västra skogen** station, where the Blue Line splits into two branches.*

❷-❸ *Environmental problems was the theme for **Solna centrum** station. The red rock chamber is among the most emblematic on the Blue Line.*

❹ ***Näckrosen** means waterlily, one of the themes used in the decoration of the station, which is located near Stockholm Film City.*

Blå Linjen

❶ Von 1977 bis 1985 war **Hallonbergen** ein dreigleisiger Verzweigungsbahnhof. Heute dient der Abzweig Richtung Hjulsta als Anschluss an die Betriebswerkstatt in Rissne.

❷ Zwischen Hallonbergen und Kista liegen zwei oberirdische Abschnitte, die Einfahrt nach **Kista** verläuft auf einem Viadukt.

❸ **Kista** ist der einzige oberirdische Bahnhof der Blauen Linie. Er liegt im Stockholmer ‚Silicon Valley'.

❹ Der Endbahnhof **Akalla** zeigt verschiedene Wandbilder, auf denen Frauen und Männer in Alltagssituationen die Hauptrolle spielen.

1

❶ *From 1977 until 1985, the Blue Line split into two branches at the 3-track station* ***Hallonbergen****. Nowadays the branch to Hjulsta is used to access the Rissne depot.*

❷ *Between Hallonbergen and Kista there are two surface stretches, the section closer to* ***Kista*** *station running on a viaduct.*

❸ ***Kista*** *is the only surface station on the Blue Line. It serves Stockholm's 'Silicon Valley'.*

❹ *The terminus at* ***Akalla*** *is decorated with tile works showing women and men in everyday situations.*

2

3

4

Andere Schienenverkehrsmittel in und um Stockholm

Pendeltåg (J/P)

1872 wurde durch eine Brücke von Södermalm nach Norrmalm eine Verbindung zwischen der nördlichen Strecke nach Uppsala und den südlichen und westlichen Strecken geschaffen. So entstand auch der Stockholmer Hauptbahnhof. Der Vorortverkehr in seiner heutigen Form (Pendeltåg) begann 1968 von Kungsängen im Nordwesten bis Södertälje im Südwesten; 1969 startete auch der eingeschränkte Betrieb auf der Verlängerung von Södertälje nach Gnesta. 1970 wurden zwei weitere Äste nach Märsta im Norden und nach Västerhaninge im Süden eröffnet, letzterer wurde 1973 bis Nynäshamn erweitert. Mit der Verlängerung von Kungsängen nach Bålsta wurde 2001 das heutige Netz fertig gestellt. Der Pendeltåg verkehrt im gemischten Betrieb mit Fernzügen, nach und nach werden jedoch Strecken mit eigenen Gleisen ausgebaut, um einen regelmäßigen Betrieb garantieren zu können. Derzeit befindet sich eine zweite Årstabrücke im Bau, die eine der Engstellen beseitigen soll. Gleichzeitig entsteht in Årstaberg eine Umsteigestation zur Tvärbana (geplante Eröffnung Ende 2005). Bisher gibt es zwischen den Bahnhöfen Stockholms södra und Stockholm C nur zwei Gleise. 2003 wurde nun ein Projekt verabschiedet, das den Bau der sogenannten Citybahn, eine 6 km lange Tunnelstrecke zwischen Stockholms södra und Tomteboda (nördliche Pendeltåg-Verzweigung) mit Zwischenstationen in Vasastan (in 30 m Tiefe, zwischen Odenplan und Vanadisplan, mit Umsteigemöglichkeit zur Grünen Linie) und in Norrmalm (in 40 m Tiefe, unter der Blauen Linie, zwischen Kungsgatan/Drottningsgatan und dem Hauptbahnhof, mit Umsteigemöglichkeit zu allen Tunnelbana-Linien) vorsieht. Die neue Verbindung soll bis 2011 fertig sein.
Seit 2000 wird der Pendeltåg von der Gesellschaft Citypendeln, einer Tochterfirma des französischen Konzerns Keolis, betrieben. Die Züge fahren von 5:00 bis 1:00, auf den Hauptstrecken tagsüber alle 15 Minuten und mit Verstärkerzügen während der Hauptverkehrszeiten. Die Strecke Södertälje C – Gnesta wird getrennt mit einem 30–120-Minuten-Takt betrieben. Jeder zweite Zug fährt von Kungsängen weiter nach Bålsta; der Abschnitt Västerhaninge – Nynäshamn wird alle 30–60 Minuten bedient. Die Entfernungen von Stockholm C sind: Märsta 37 km, Kungsängen 28 km, Västerhaninge 30 km, Nynäshamn 64 km, Södertälje hamn 36 km.

Derzeit wird der Pendeltåg-Verkehr mit zwei verschiedenen Baureihen durchgeführt (15 kV, Oberleitung):
X1–94 2-Wageneinheiten (1967–75): 49,5 m lang, 3,1 m breit
X10–52 2-Wageneinheiten (1983–1987, 1992–1993): 49,8 m lang, 3,1 m breit; umgebaut 1999–2002

Um den akuten Fahrzeugmangel in den Griff zu bekommen, übernahm SL von der Deutschen Bahn 15 S-Bahnzüge der Baureihe ET 420, die 1970–72 für München gebaut wurden. Sie wurden dunkelblau gestrichen. Unter den Türen wurde ein Brett angebracht, das den Höhenunterschied zwischen Einstieg und Bahnsteig verringern soll. 2002–2003 lieh SL auch Fahrzeuge von den Dänischen Staatsbahnen.

Ab 2005 sollen 55 neue X60-Züge (mit einer Option für weitere 50) von Alstom geliefert werden. Diese modernen durchgehenden Züge bieten einen niedrigen Einstieg und sind 3,25 m breit und 105 m lang. Zwei Einheiten bilden einen Vollzug.

Arlanda Express

Die Bahnverbindung von Stockholm C zum Flughafen Arlanda wurde am 24. November 1999 eröffnet, sie wird von A-Train betrieben. Der Flughafenexpress fährt erst entlang der Strecke nach Uppsala und zweigt südlich von Rosersberg Richtung Arlanda ab. Der Arlanda Express verkehrt alle 15 Minuten (20 Minuten Fahrzeit) und ist nicht in das SL-Tarifsystem integriert (180 SEK). Im Flughafen Arlanda wurden zwei unterirdische Stationen für den Arlanda Express und eine dritte für durchgehende Züge Richtung Uppsala und den Norden Schwedens gebaut. Es gibt Pläne, auch den Pendeltåg zum Flughafen zu verlängern.

X10 Karlberg (Photo Jouko Ketola)

Other Rail Transport in and around Stockholm

Pendeltåg (J/P)

In 1872, a link between the northern railway to Uppsala and the southern and western lines was established, which included a bridge from Södermalm to Norrmalm and the new Stockholm Central Station. Commuter rail service (Pendeltåg) began in 1968 from Kungsängen in the northwest to Södertälje in the southwest; in 1969 limited service began on the extension from Södertälje to Gnesta. In 1970, two more branches opened, these running to Märsta in the north and Västerhaninge in the south, and in 1973, service began on the line from Västerhaninge to Nynäshamn. In 2001, an extension from Kungsängen to Bålsta completed the current network. The Pendeltåg operates in mixed traffic with long distance trains, although more and more stretches are being separated to guarantee a regular service. A second Årsta Bridge is currently under construction to eliminate one of the bottlenecks. At the same time a new station is being built at Årstaberg to provide transfer to Tvärbanan (opening late 2005). At present, only two tracks are available for both the Pendeltåg and long distance trains between Stockholms Södra and the Central Station. In 2003, a project was approved to build the so-called Citybanan, a 6 km tunnel between Stockholms Södra and Tomteboda (northern Pendeltåg junction) with intermediate stations in Vasastan (30 m deep, located between Odenplan and Vanadisplan, transfer to Green Line) and Norrmalm (lying 40 m deep, under the Blue Line, between Kungsgatan/Drottningsgatan and Stockholm Central Station, transfer to all Tunnelbana lines). The new link is scheduled to open in 2011.
Since 2000, the Pendeltåg has been operated by Citypendeln, a subsidiary of the French group Keolis. Service is provided from 05:00 to 01:00, with a train every 15 minutes during daytime on the main routes, plus extra trains during rush hours. The Södertälje C – Gnesta line is operated separately with a 30–120 minute headway. Every other train continues from Kungsängen to Bålsta; the Västerhaninge – Nynäshamn stretch is served every 30–60 minutes. Distances from Stockholm C are: Märsta 37 km, Kungsängen 28 km, Västerhaninge 30 km, Nynäshamn 64 km and Södertälje hamn 36 km.

At present, Pendeltåg service is mainly provided by two different types of trains using 15 kV and overhead power supply:
X1 – 94 2-car trainsets (1967–75): 49.5 m long, 3.1 m wide
X10 – 52 2-car trainsets (1983–1987, 1992–1993): 49.8 m long, 3.1 m wide; refurbished 1999–2002

To cope with the lack of rolling stock, SL hired 15 German S-Bahn trains from Deutsche Bahn of the X420 class (Olympic trains built in 1970–72 for Munich, Stuttgart and Frankfurt). They were repainted dark blue and a board was fixed under the doors to reduce the difference in height between platform and train floor. During 2002–2003, SL also hired Danish railway carriages.

In 2005, 55 trains (with an option for another 50) of the new X60 type will be delivered by Alstom. These modern articulated trains provide easy low floor access and are 3.25 m wide and 105 m long. Two trainsets can be coupled to form a full-length train.

Arlanda Express

The rail service from Stockholm C to Arlanda Airport, operated by A-Train, opened on 24 November 1999. The airport train follows the line to Uppsala before branching off to Arlanda south of Rosersberg. The Arlanda Express runs every 15 minutes (20 minutes travel time) and is not integrated in the SL fare system (180 SEK). At Arlanda Airport, two underground stations were built for the Arlanda Express and a third station was built for mainline through traffic to Uppsala and the north of Sweden. There are also plans to extend Pendeltåg service to Arlanda Airport.

X10 Stockholms södra (Photo Jouko Ketola)

Pendeltåg

❶ Vom westlichen Ausgang der Station **Farsta strand** kommt man nach ca. 300 m zur Endstation der Grünen Linie. Hier ein X1-Zug auf der Fahrt nach Nynäshamn.

❷ Vom seit 1988 unterirdischen Bahnhof **Stockholms södra** wird in einigen Jahren der neue Innenstadttunnel abzweigen. Er wird die bisher nur zweigleisige Verbindung zum Hauptbahnhof entlasten.

❸ Am Stockholmer Hauptbahnhof (**Stockholm C**) sind vier Gleise für den Pendeltåg reserviert. Ein X10-Zug steht bereit zur Abfahrt nach Bålsta. (Photo Jouko Ketola)

❹ Dieser gemischte X1/X10-Zug fährt durch bis Nynäshamn, manche Züge enden bereits in Västerhaninge.

❶ *From the western exit of **Farsta strand** station it is a 300 m walk to the Green Line's terminus. Here you can see an X1-train heading for Nynäshamn.*

❷ *From **Stockholms södra** station, which was put underground in 1988, a new city tunnel will be built in the near future to relieve the 2-track link to the main station.*

❸ *At **Stockholm Central** four tracks are reserved for the Pendeltåg. An X10-train is ready to depart for Bålsta. (Photo Jouko Ketola)*

❹ *This mixed X1/X10-train runs through to Nynäshamn, some trains terminate at Västerhaninge.*

Pendeltåg

❶❷ Der Bahnhof **Karlberg** wird nach Eröffnung des Innenstadttunnels voraussichtlich geschlossen.

❸ Verbindungsbrücke zwischen Hauptbahnhof und Södermalm.

❹ Ein DB S-Bahnzug der BR 420 (hier X420) im Wintereinsatz in **Älvsjö**.

❺ X1-Fahrgastraum

❶❷ ***Karlberg** station is likely to be closed after the completion of the cross-city tunnel.*

❸ *Bridge link between the Central Station and Södermalm*

❹ *A German class-420 S-Bahn train on winter service at **Älvsjö**.*

❺ *Inside an X1-carriage*

(Photos 1, 2, 4 Jouko Ketola)

Saltsjöbanan (J)

Ab 1893 fuhr eine Dampfeisenbahn von Stadsgården auf Södermalm zu einer neuen Vorstadtsiedlung in Saltsjöbaden; diese Bahn diente auch als schnelle Verbindung zu Teilen des Schärgartens. 1913 kam der kurze Abzweig nach Solsidan hinzu, und 1936 wurde ein 360 m kurzes Stück von Stadsgården zum heutigen Endpunkt Slussen gebaut.
1969 wurde die Saltsjöbahn von SL gekauft. Sie ist 18,4 km lang und hat 18 Stationen. Sie wurde 1913–14 mit 900 V Gleichstrom elektrifiziert (heute 750 V). Während der Siebziger Jahre sollte die Bahn eingestellt werden, doch 1976 wurden einige Tunnelbana-Wagen vom Typ C6 umgebaut und die Bahn überlebte. Seit einigen Jahren gibt es nun Pläne, den Betrieb auf Stadtbahn umzustellen und die Strecke mit der Tvärbana zu verbinden. Dazu müssten die Bahnsteige gesenkt werden und mehrere Ausweichstellen gebaut werden, um einen dichteren Takt anbieten zu können. Die Saltsjöbahn wird wie die Tunnelbana von Connex betrieben.

Roslagsbanan (J)

Mit einer Gesamtlänge von 65,3 km und 38 Stationen ist das Netz der Roslagsbahn ein wichtiges Verkehrsmittel zwischen Stockholm und den nordöstlichen Vororten. Heute ist die längste Strecke der Roslagsbahn von Stockholms östra bis Kårsta 41,3 km, eine kurze Strecke im Vergleich zur einstigen Netzlänge von insgesamt 327 km. Die heute noch bestehenden Strecken wurden zwischen 1888 und 1906 gebaut und ab 1895 mit 1500 V Gleichstrom elektrifiziert. Von 1894 bis 1960 fuhr die Roslagsbahn auf den Straßen der Stadt bis zum Engelbrektsplan bei der Königlichen Bibliothek. Diese Bahn hat eine Spurweite von 891 mm, während alle anderen Bahnen in und um Stockholm Standardspurweite haben. 1972 wurde auch die Roslagsbahn von SL übernommen; im selben Jahr wurde der Haltepunkt Universitetet eingerichtet, der sich jetzt genau über der 36 m tiefer verlaufenden Tunnelbana-Strecke befindet. Während der Siebziger Jahre war auch die Roslagsbahn in Gefahr geschlossen zu werden, denn sie sollte durch eine Verlängerung der Roten Linie bis Täby ersetzt werden, doch nach heftigen Protesten wurde sie schließlich in den Achtziger Jahren modernisiert. Seit 2003 wird diese Bahn von Roslagståg AB, einer Tochtergesellschaft der DSB (Dänische Staatsbahnen) und Svenska Tågkompaniet, betrieben.

Lidingöbanan (21)

Lidingö ist eine große Insel östlich von Stockholm und hat ca. 40.000 Einwohner. Die erste Straßenbahnstrecke wurde 1907 von Hersbyholm im Zentrum der Insel bis Islinge gebaut, von wo man mit der Fähre nach Ropsten weiterfahren konnte. Von 1909 bis 1913 verkehrte sogar eine eigene Straßenbahnfähre über den Lilla Värta, aber das stellte sich bald als zu umständlich heraus. Zwischen 1912 und 1916 entstand die vorwiegend eingleisige Strecke nach Gåshaga entlang der Südküste; das erste Teilstück wurde 1914 eröffnet. Nachdem 1925 die Lidingöbrücke in Betrieb genommen worden war, konnte ein durchgehender Verkehr bis Humlegården bei der Königlichen Bibliothek eingerichtet werden. 1967 wurde die Lidingöbahn bis Ropsten verkürzt, wo von nun an auch die Rote Linie endete.
1971 wurde der Betrieb auf der nördlichen Linie eingestellt, 30 Jahre später wurde die bestehende Linie jedoch sogar um 300 m bis Gåshaga brygga verlängert; von dort fahren Fähren in den Schärgarten ab. Derzeit ist die Linie 21 9,2 km lang und hat 14 Haltestellen. Sie ist mit 750 V Gleichstrom elektrifiziert und verwendet modernisierte, aus den Jahren 1944–52 stammende Wagen. Die Lidingöbahn wird von Connex betrieben.

Nockebybanan (12)

Neben der Lidingöbahn war die Nockebybahn (‚Tolvan' = Nr. 12) die einzige Tramstrecke, die die Schließungen im Jahr 1967 überlebte. Sie wurde damals auf Rechtsverkehr umgestellt, allerdings wechselt sie an der Haltestelle Alléparken auf die linke Seite, um im Bahnhof Alvik das Umsteigen zur Tunnelbana am selben Bahnsteig zu gewährleisten. Die 5,7 km lange Strecke mit ihren 10 Haltestellen verläuft größtenteils auf eigenem Gleiskörper und wurde in mehreren Stufen zwischen 1914 und 1929 eröffnet. Bis die Strecke nach Ängby auf Tunnelbana-Betrieb umgestellt wurde, fuhr die Nockebybahn weiter bis Tegelbacken im Stadtzentrum. Die Nockebybahn wird heute normalerweise mit A32 Niederflurstraßenbahnen befahren, wie sie auch auf der Tvärbana verwendet werden. Beide Linien haben in Bromma, unweit von Alvik, ein gemeinsames Depot. Die Nockebybahn wird auch von Connex betrieben.

***Saltsjöbanan** (J)*

In 1893, a steam railway began operating from Stadsgården on Södermalm to a new suburban development at Saltsjöbaden, also providing quick access to parts of the archipelago. In 1913, a short branch was added to Solsidan. A short 360 m extension from Stadsgården to the current terminus Slussen was built in 1936. In 1969, the Saltsjöbana was bought by SL. It is 18.4 km long, has 18 stations, and was electrified in 1913–14 using 900 V dc (now 750 V dc). During the 1970's, the closure of the line was under consideration, but eventually, in 1976, Tunnelbana cars of class C6 were rebuilt and the line survived. For some years there have been plans to modify the line for light rail operation and link it to Tvärbanan. This would imply the lowering of platforms and the building of some passing loops to increase the line's capacity. Saltsjöbanan is operated by Connex.

***Roslagsbanan** (J)*

With a total track length of 65.3 km and 38 stations, Roslagsbanan is an important public transport option for the northeastern suburbs. Nowadays the longest route, from Stockholms Östra to Kårsta, is 41.3 km, a short stretch compared to the 327 km of total route length the Roslagsbana had in its heyday. The existing lines opened in 1888–1906 and were electrified from 1895 (1500 V dc). From 1894 until 1960, the Roslagsbana made its way on city streets to its terminus at Engelbrektsplan (Royal Library). This railway has 891 mm gauge (all other railways in and around Stockholm have standard gauge). In 1972, the Roslagsbana was also taken over by SL; that same year a stop opened at Universitetet, which lies directly above the Tunnelbana line 36 m below. During the 1970's, the Roslagsbana came close to being closed down and replaced by the Red Line extension to Täby, but after heavy local protest, the network was instead modernised during the 1980's. Since 2003, it has been operated by Roslagståg AB, a subsidiary of DSB (Danish State Railways) and Svenska Tågkompaniet.

***Lidingöbanan** (21)*

Lidingö is a large island east of Stockholm with some 40,000 inhabitants. The first tramway route opened in 1907 from Hersbyholm in the centre of the island to Islinge, from where a ferry connected it to Ropsten. From 1909 until 1913, a special ferry was even used which carried the tram across Lilla Värtan, but this turned out to be too complicated. Between 1912 and 1916, a second, mostly single-track line was built to Gåshaga along the southern shore; the first portion of this line opened in 1914. When the first Lidingö Bridge opened in 1925, through service was established to Humlegården (near the Royal Library) in the city centre of Stockholm. In 1967, the Lidingöbanan was cut back to Ropsten, which became the new terminus for the Tunnelbana's Red Line. In 1971, the northern line was closed down, but thirty years later, the remaining southern line was even extended some 300 m to Gåshaga brygga, from where ferries depart for the archipelago. Currently, the line (maintaining the number 21) is 9.2 km long and has 14 stops. It is electrified at 750 V dc and uses modernised cars from 1944–52. Lidingöbanan is operated by Connex.

***Nockebybanan** (12)*

Together with the Lidingöbana, the Nockebybana ('Tolvan' = No. 12) is the only tram line that survived the 1967 closure of all Stockholm trams. The line was changed from left-hand to right-hand operation, although at Alléparken, trams change to the left side to provide cross-platform interchange with the Tunnelbana at Alvik. The 5.7 km line with 10 stops runs mostly on a separate right-of-way, and was built in stages from 1914 until 1929. It continued to Tegelbacken until the Tunnelbana operation started on the former Ängby tram line in 1952. The Nockebybana is normally served by new A32 low-floor trams, the same as those used on the Tvärbana. Both lines share Bromma depot and workshop near Alvik station. Nockebybanan is operated by Connex.

❶-❷ Endstation der Saltsjöbahn in **Slussen**.

❶-❷ *Saltsjöbana terminus at **Slussen**.*

Roslagsbana

❸ Der Endbahnhof **Stockholms östra** liegt direkt am U-Bahnhof Tekniska högskolan.

❹ Ein Zug steht bereit zur Abfahrt nach Näsbypark. Diese Bahn hat eine Spurweite von 891 mm.

❺ Ein Zug kurz vor der Rückfahrt von **Österskär** über Täby nach Stockholm.

❸ *The terminus at **Stockholms östra** lies next to the Tunnelbana station Tekniska högskolan.*

❹ *Train ready for departure to Näsbypark. This railway was built with 891 mm gauge.*

❺ *A few minutes before the return journey from **Österskär** to Stockholm via Täby.*

Lidingöbana

Auf dieser Strecke fahren modernisierte Fahrzeuge aus den Dreißiger Jahren:

On this line, modernised cars from the 1930's are still in service:

❶ **Ropsten**

❷ Fahrgastraum
Passenger compartment

❸ **Gåshaga brygga**

Nockebybana

Moderne A32 Niederflurfahrzeuge sind auf dieser Strecke im Einsatz:

Modern A32 low-floor trams are used on this line:

❹ **Alvik**

❺ **Nockeby**

Tvärbanan (22)

Nachdem 1967 im Zuge der Umstellung auf Rechtsverkehr fast das gesamte innerstädtische Straßenbahnnetz stillgelegt worden war, änderte sich die Einstellung zur Straßenbahn allmählich in den Neunziger Jahren. Auch wenn Stockholm über ein hervorragendes Schienenverkehrsnetz verfügte, so gingen doch alle Strecken strahlenförmig vom Hauptbahnhof aus, wodurch die Fahrgäste gezwungen waren, auch Wege zwischen den einzelnen Stadtteilen immer über das Stadtzentrum zurückzulegen. Ab 1988 wurden Pläne für eine Schnellstraßenbahn vorgelegt. Die später als Tvärbanan (Querbahn) bekannt gewordene Linie sollte eine tangentiale Verbindung zwischen den wichtigsten Tunnelbana-Stationen herstellen. Der erste Abschnitt von Gullmarsplan bis Liljeholmen (5,1 km) wurde am 8. Januar 2000 eröffnet; die Linie wurde am 1. Juni 2000 nach Norden bis Alvik (4,1 km) und schließlich am 14. August 2002 nach Osten bis Sickla udde (2,3 km) verlängert. Sie soll in Zukunft gemeinsam mit der Saltsjöbahn weiter bis Slussen fahren. Im Norden sind Verlängerungen nach Sundbyberg und Solna, eventuell auch nach Kista und Sollentuna geplant. Im Endausbau könnte die Tvärbana eine Ringlinie werden (Solna – Universitetet – Ropsten – Djurgården – Sickla). Die bestehende Linie trägt die Linienbezeichnung 22 und ist 11,5 km lang. Sie verläuft größtenteils auf eigenem Gleiskörper, nur im Bereich Liljeholmen-Gröndal verkehrt sie im Straßenraum. Auf der Strecke gibt es zwei jeweils ca. 400 m lange Tunnelabschnitte, einen zwischen Årstadal und Årstaberg (zukünftige Umsteigemöglichkeit zum Pendeltåg) und einen zwischen Alvik and Alvik strand. Zwei größere Brücken verbinden Alvik strand und Stora Essingen, sowie Stora Essingen und Gröndal. Auf der Tvärbana verkehren die A32-Niederflurbahnen von Bombardier in Einfach- oder Doppeltraktion. Diese 30 m langen und 2,65 m breiten Stadtbahnfahrzeuge basieren auf dem K4000 von Köln und der Tram von Croydon. Die Tvärbana wird auch von Connex betrieben.

Djurgårdslinjen (7)

Nachdem 1967 alle innerstädtischen Straßenbahnen geschlossen worden waren, wurde am 2. Juni 1991 eine 3,7 km lange Museumstramlinie vom Norrmalmstorg zur Insel Djurgården eröffnet. Diese Linie verkehrt alle 12 Minuten (mit weiteren Fahrten bei Bedarf) mit einer Reihe verschiedener historischer Fahrzeuge, die sowohl aus Stockholm, aber auch aus Städten wie Malmö, Göteborg oder Oslo stammen. Die Strecke wird vom Schwedischen Straßenbahnverein (www.ss.se) betrieben. Djurgården ist ein wichtiger innerstädtischer Park, in dem sich einige Museen (Nordiska Museet, Vasamuseet, Skansen) und ein großer Vergnügungspark befinden. Die Insel kann auch mit den Fähren von Gamla stan und Nybroplan erreicht werden.

Tvärbana – Liljeholmen

***Tvärbanan** (22)*

After closing down a large urban tram network in 1967 in the course of the general traffic change from left-hand to right-hand driving, a change in attitude towards trams finally came in the 1990's. Although Stockholm had an excellent urban rail network, all lines radiated from the Central Station, obliging passengers to travel through the city centre for trips between suburbs. From 1988, plans were published for a 'fast tram', later better known as Tvärbanan (Cross Line), which was supposed to create a tangential link between major Tunnelbana stations. The first section, from Gullmarsplan to Liljeholmen (5.1 km), opened on 8 January 2000; it was extended northwards to Alvik (4.1 km) on 1 June 2000, and eastwards to Sickla udde (2.3 km) on 14 August 2002. Future plans include an extension together with Saltsjöbanan from Sickla udde to Slussen, as well as extensions northwards to Sundbyberg and Solna, and possibly to Kista and Sollentuna. Eventually, Tvärbanan may become a ring line (Solna – Universitetet – Ropsten – Djurgården – Sickla). The existing line (assigned the number 22) is 11.5 km long and mostly runs on a separate right-of-way, with a street running section going through the Liljeholmen-Gröndal area. The route includes a 400 m tunnel between Årstadal and Årstaberg (a future Pendeltåg interchange), and a 400 m tunnel between Alvik and Alvik strand. There are two major bridges, one between Alvik strand and Stora Essingen, and the other between the latter and Gröndal. Tvärbanan operates with Bombardier's A32 low-floor trams, which run in single or double traction. These 30 m long and 2.65 m wide light rail vehicles are based on the trams of both Cologne (K4000) and Croydon. Tvärbanan is operated by Connex.

***Djurgårdslinjen** (7)*

After all inner-city tramways closed in 1967, a 3.7 km vintage tram line opened from Norrmalmstorg to Djurgården on 2 June 1991. The line is operated every 12 minutes (with extra trains when necessary) with a large range of historical vehicles, from Stockholm and other cities like Malmö, Gothenburg and Oslo. The line is operated by the Swedish Tramway Society (www.ss.se). Djurgården is an important inner-city park, with several museums (Nordiska Museet, Vasamuseet, Skansen) and a large amusement park. The island can also be reached by ferry from Gamla stan and Nybroplan.

ex-Oslo Tram 210 – Gröna Lund

Tvärbana

Die neue ‚Querbahn' fährt meist auf eigenem Gleiskörper mit Niederflurstraßenbahnfahrzeugen:

The new 'cross line' operates mostly on a separate right-of-way with low-floor trams:

❶ **Sickla udde**

❷ **Alvik**

❸ **Gullmarsplan**

Djurgårdslinjen

Verschiedene historische Fahrzeuge sind hier unterwegs:

Different historical vehicles are in service here:

❹ SS Nr. 76

❺ SS Nr. 373 ‚Ängbyvagn'

Gamla stan
Sockenplan
S:t Eriksplan
Tram Museum + Mats & Mats

Medborgarplatsen
Hötorget
Sockenplan
Gullmarsplan

Gamla stan
Skarpnäck
Odenplan
Hagsätra

Gamla stan
Midsommarkransen
Mälarhöjden
Stadion

Norsborg
Tekniska högskolan
Ropsten
C20

Vårberg
Vårberg
Alby
Tekniska högskolan

T-Centralen
Akalla
Rinkeby
Solna centrum

Näckrosen
Kungsträdgården
Akalla
Akalla

Sundbyberg centrum
Stadshagen
Kungsträdgården
Tensta

Jernbanetorget
Romsås
Grorud
Valkyrie plass

Nationaltheatret
Bergkrystallen
Nydalen
Tram Museum

Brattlikollen
Vestbane station
Gaustad
Stortinget

Vinderen	Østerås	Jernbanetorget
Stortinget	Ellingsrudåsen	Carl Berners plass
Rikshospitalet	Storo	Montebello
Ryen	Jar	Lilleaker

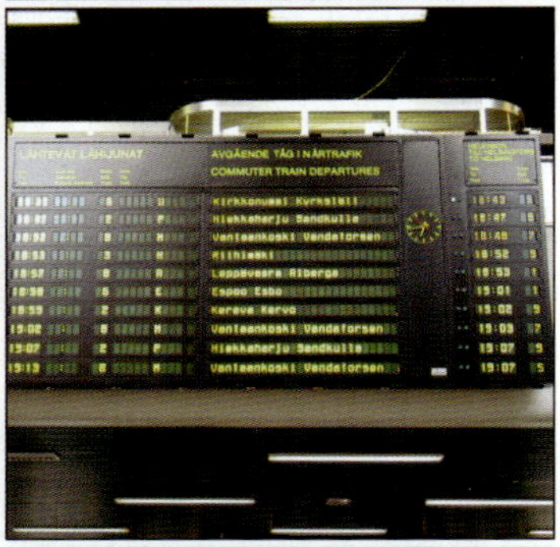

Kulosaari
Kaisaniemi
Pasila
Sörnäinen

Helsinki Hbf / Central Station
Myllypuro
Myllypuro
Helsinki Hbf / Central Station

Puotila – Rastila
Mellunmäki
Pasila
Puotila

Rastila
Sörnäinen
Itäkeskus
Kontula

Kamppi
Kamppi
Itäkeskus
Vuosaari

Metro Logo
Herttoniemi
Ruoholahti
Pasila

København H
Forum
Universitetet
Vesterport

Flintholm
Køge
Nørrebro
S-tog 2. Generation

Flintholm
Fuglebakken
Ryparken
Metro Tunnel

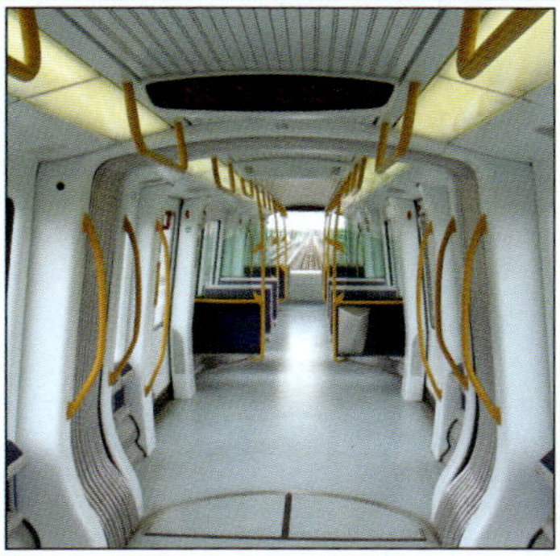

Klampenborg
S-tog 3. Generation
Nørrebro
Airport

S-tog 4. Generation
Vallensbæk
Metro
Ellebjerg

Nørreport
Ballerup
Høje Taastrup
Holte

Andere Bücher *Other Books*

Oslo:
Nils Carl Aspenberg: Die Straßen- und Vorortbahnen in Oslo. Von der Pferdebahn bis zur U-Bahn.
– 1994, Baneforlaget, Oslo (also available in Norwegian and English)
Thorleif Strandholt: A/S Holmenkolbanen 1896–1975.
– 1986, Sporvejhistorisk Selskab, Oslo, ISBN 87-87589-30-3
Nils Carl Aspenberg: Neste stopp Makrellbekken. Historien om Røabanen.
– 1995, Baneforlaget, Oslo, ISBN 82-91448-18-3
Bjørn Andersen: Holmenkolbanen. Kort historikk fra 1898–1993.
– 1993, Lokalhistorisk forening, Oslo, ISBN 82-91223-01-7

Helsinki:
Rapid Transit Office of the City of Helsinki / U-Bahn-Amt der Stadt Helsinki: The Helsinki Metro – Die Metro von Helsinki 1982.
– 1983, Helsinki, ISBN 951-771-377-0

København:
John Poulson: Københavns S-bane 1934–1984.
– Bane Bøger, København 1984
John Poulsen: Byens Baner. Jernbanen i København i 150 år.
– 1997, Bane Bøger, Smørum, ISBN 87-88632-67-9
Lars-Henrik Olsen: Byens Puls. Storkøbenhavns S-bane.
– 1989, Mallings, ISBN 87-7333-476-6
B. Hesselbæk: Anlægget – en Metro bliver til. The Construction – the birth of a Metro.
– 2002, Ørestadsselskabet, ISBN 87-90143-14-0
B. Skaarup & J. R. M. Jensen: Arkæologien i Metroens spor. The archaeology in the tracks of the Metro.
– 2002, Ørestadsselskabet, ISBN 87-90143-15-9
N. Juul-Sørensen & L. Raabo Larsen: Arkitekturen – de dybe stationer i dagslys. The architecture – the deep stations in daylight.
– 2002, Ørestadsselskabet, ISBN 87-90143-16-7
G. Albertsen: Togsystemet – fulautomatisk og førerløst. The trainsystem – fully automated and driverless.
– 2002, Ørestadsselskabet & Ansaldo Transporti, ISBN 87-90143-17-5

Stockholm:
Bertil Asker (ed.): The Stockholm Underground 1975. A Technical Description.
– 1976, Stockholms läns landsting

Göran Söderström: En värld under jord. Färg och form i tunnelbanan.
– 2000, Stockholmia, ISBN 91-7031-107-2

B. Alfredson, R. Berndt & H. Harlén: Stockholm Under. 50 år – 100 stationer.
– 2000, Brombergs Bokförlag, ISBN 91-7608-832-4

Berlin U-Bahn Album **Berlin S-Bahn Album**

Alle U & S-Bahnhöfe farbig in 2 Bänden
All U & S-Bahn Stations in Colour in 2 Volumes

2002, ISBN 3-936573-01-8

2003, ISBN 3-936573-02-6

Geplant / *Planned:* **Hamburg U-Bahn & S-Bahn Album**
(Oct. 2004, ISBN 3-936573-06-0)

Another book by Robert Schwandl

Metros in Spain
The Underground Railways of Madrid, Barcelona, Valencia & Bilbao

Capital Transport, London, 2001
in English, 120 pages
approx. 150 colour photographs
ISBN 1-85414-242-9

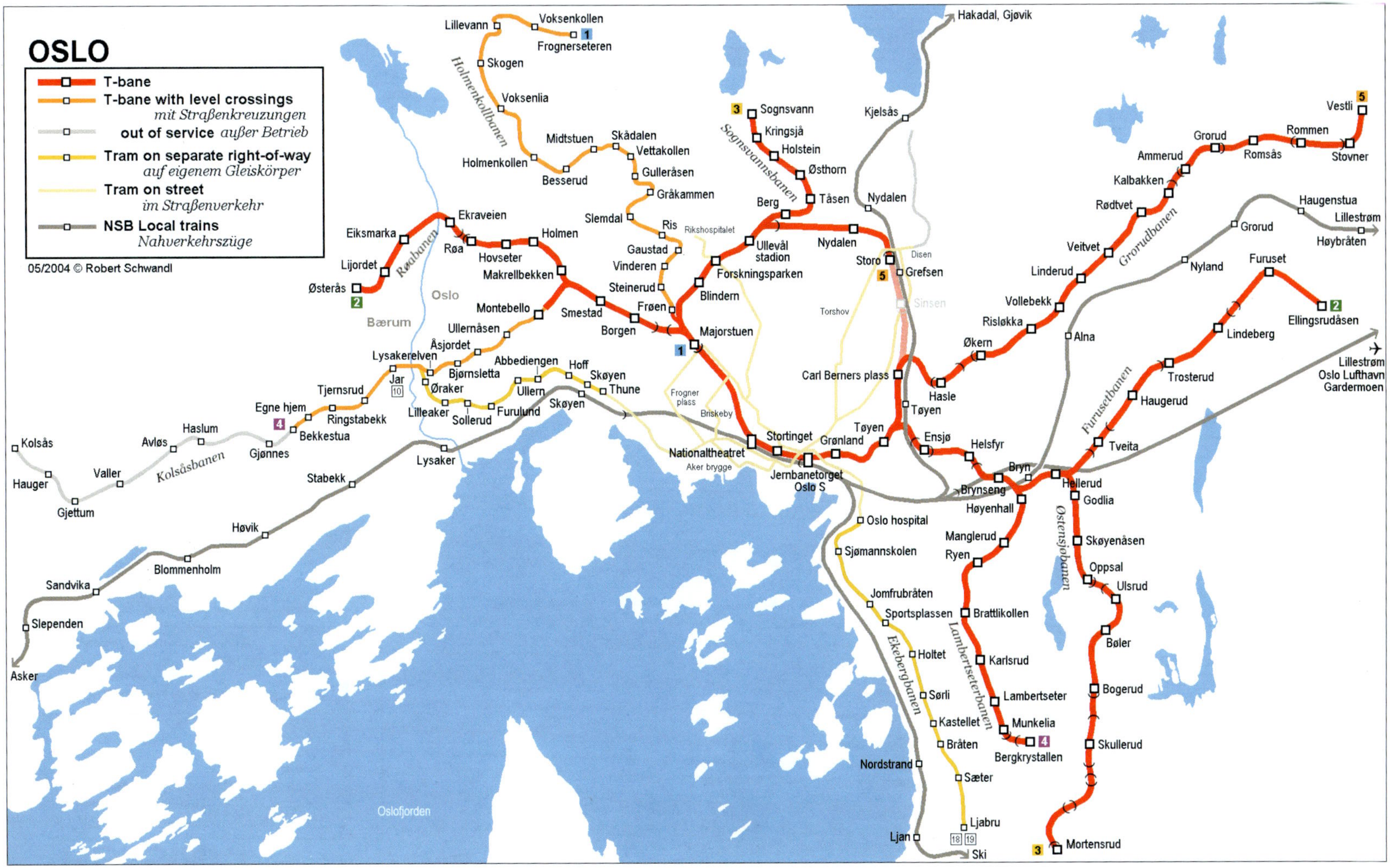
OSLO
T-bane
T-bane with level crossings
mit Straßenkreuzungen
out of service außer Betrieb
Tram on separate right-of-way
auf eigenem Gleiskörper
Tram on street
im Straßenverkehr
NSB Local trains
Nahverkehrszüge
05/2004 © Robert Schwandl
Holmenkollbanen
Lillevann
Voksenkollen
Frognerseteren
Skogen
Voksenlia
Midtstuen
Skådalen
Vettakollen
Holmenkollen
Besserud
Gulleråsen
Gråkammen
Slemdal
Ris
Rikshospitalet
Gaustad
Vinderen
Steinerud
Frøen
Majorstuen
Borgen
Smestad
Montebello
Makrellbekken
Hovseter
Holmen
Røa
Ekraveien
Eiksmarka
Røabanen
Lijordet
Østerås
Oslo
Bærum
Ullernåsen
Åsjordet
Lysakerelven
Abbediengen
Bjørnsletta
Øraker
Hoff
Skøyen
Thune
Ullern
Furulund
Sollerud
Lilleaker
Jar
10
Tjernsrud
Ringstabekk
Egne hjem
Bekkestua
Gjønnes
Haslum
Avløs
Kolsåsbanen
Kolsås
Hauger
Valler
Gjettum
Lysaker
Stabekk
Høvik
Blommenholm
Sandvika
Slependen
Asker
Oslofjorden
Sognsvannsbanen
Sognsvann
Kringsjå
Holstein
Østhorn
Tåsen
Berg
Ullevål stadion
Forskningsparken
Blindern
Nydalen
Kjelsås
Storo
Disen
Grefsen
Sinsen
Torshov
Frogner plass
Briskeby
Nationaltheatret
Aker brygge
Stortinget
Jernbanetorget
Oslo S
Grønland
Tøyen
Carl Berners plass
Hasle
Ensjø
Helsfyr
Brynseng
Bryn
Høyenhall
Manglerud
Ryen
Brattlikollen
Karlsrud
Lambertseter
Munkelia
Bergkrystallen
Lambertseterbanen
Oslo hospital
Sjømannskolen
Jomfrubråten
Sportsplassen
Holtet
Sørli
Kastellet
Bråten
Sæter
Ljabru
18 19
Ekebergbanen
Nordstrand
Ljan
Ski
Hakadal, Gjøvik
Vollebekk
Risløkka
Økern
Alna
Linderud
Veitvet
Rødtvet
Kalbakken
Ammerud
Grorud
Romsås
Rommen
Stovner
Vestli
Grorudbanen
Nyland
Haugenstua
Lillestrøm
Høybråten
Furuset
Ellingsrudåsen
Lindeberg
Trosterud
Haugerud
Tveita
Furusetbanen
Lillestrøm
Oslo Lufthavn
Gardermoen
Hellerud
Godlia
Skøyenåsen
Oppsal
Ulsrud
Bøler
Bogerud
Skullerud
Mortensrud
Østensjøbanen
1
2
3
4
5

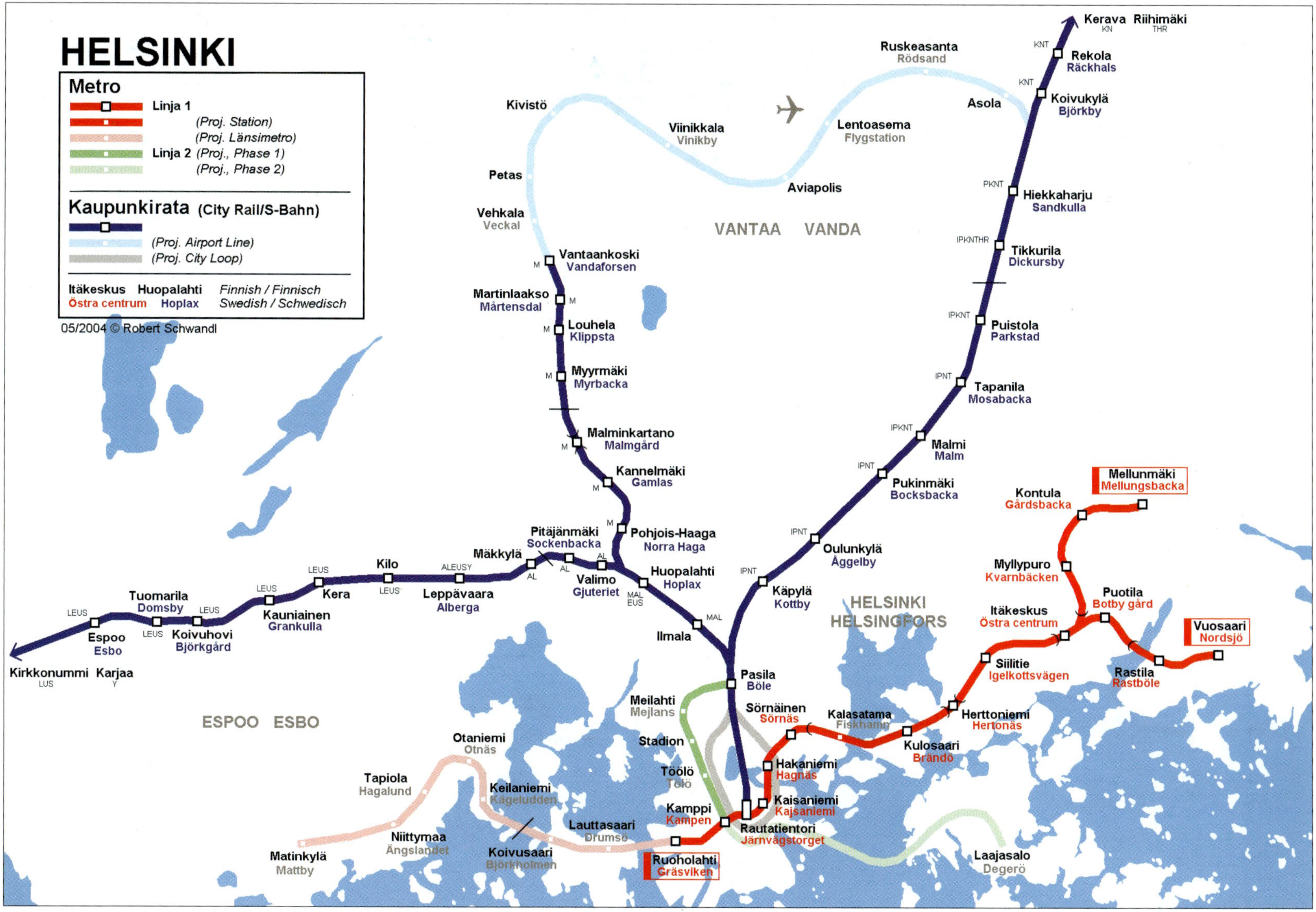
HELSINKI
Metro
Linja 1
(Proj. Station)
(Proj. Länsimetro)
Linja 2 (Proj., Phase 1)
(Proj., Phase 2)
Kaupunkirata (City Rail/S-Bahn)
(Proj. Airport Line)
(Proj. City Loop)
Itäkeskus Huopalahti Finnish / Finnisch
Östra centrum Hoplax Swedish / Schwedisch
05/2004 © Robert Schwandl
Kerava
KN
Riihimäki
THR
Rekola
Räckhals
Koivukylä
Björkby
Asola
Ruskeasanta
Rödsand
Lentoasema
Flygstation
Aviapolis
Viinikkala
Vinikby
Kivistö
Petas
Vehkala
Veckal
Vantaankoski
Vandaforsen
Martinlaakso
Mårtensdal
Louhela
Klippsta
Myyrmäki
Myrbacka
Malminkartano
Malmgård
Kannelmäki
Gamlas
Pohjois-Haaga
Norra Haga
Pitäjänmäki
Sockenbacka
Mäkkylä
Valimo
Gjuteriet
Huopalahti
Hoplax
Ilmala
Leppävaara
Alberga
Kilo
Kera
Kauniainen
Grankulla
Koivuhovi
Björkgård
Tuomarila
Domsby
Espoo
Esbo
Kirkkonummi
LUS
Karjaa
Y
Hiekkaharju
Sandkulla
Tikkurila
Dickursby
Puistola
Parkstad
Tapanila
Mosabacka
Malmi
Malm
Pukinmäki
Bocksbacka
Oulunkylä
Åggelby
Käpylä
Kottby
Pasila
Böle
VANTAA VANDA
HELSINKI
HELSINGFORS
ESPOO ESBO
Mellunmäki
Mellungsbacka
Kontula
Gårdsbacka
Myllypuro
Kvarnbäcken
Puotila
Botby gård
Itäkeskus
Östra centrum
Vuosaari
Nordsjö
Rastila
Rastböle
Siilitie
Igelkottsvägen
Herttoniemi
Hertonäs
Kulosaari
Brändö
Kalasatama
Fiskhamn
Sörnäinen
Sörnäs
Hakaniemi
Hagnäs
Kaisaniemi
Kajsaniemi
Rautatientori
Järnvägstorget
Kamppi
Kampen
Ruoholahti
Gräsviken
Meilahti
Mejlans
Stadion
Töölö
Tölö
Laajasalo
Degerö
Lauttasaari
Drumsö
Koivusaari
Björkholmen
Keilaniemi
Kägeludden
Otaniemi
Otnäs
Tapiola
Hagalund
Niittymaa
Ängslandet
Matinkylä
Mattby
KNT
PKNT
IPKNTHR
IPKNT
IPNT
MAL
MAL EUS
AL
ALEUSY
LEUS
M